建构以"礼善"
为核心的德育体系

杨云生 著

北京师范大学出版集团
BEIJING NORMAL UNIVERSITY PUBLISHING GROUP
北京师范大学出版社

图书在版编目(CIP)数据

建构以"礼善"为核心的德育体系/杨云生著 . —北京：北京师范大学出版社，2021.6(2023.3 重印)

ISBN 978-7-303-26387-5

Ⅰ.①建… Ⅱ.①杨… Ⅲ.①学校教育－德育－研究

Ⅳ.①G41

中国版本图书馆 CIP 数据核字(2020)第 188012 号

图书意见反馈：gaozhifk@ bnupg. com   010-58805079
营销中心电话：010-58802755   58800035
北京师范大学出版社教师教育分社微信公众号   京师教师教育

JIANGOU YI LISHAN WEI HEXIN DE DEYU TIXI

出版发行：北京师范大学出版社   www. bnup. com
　　　　　北京市西城区新街口外大街 12-3 号
　　　　　邮政编码：100088
印　　刷：天津中印联印务有限公司
经　　销：全国新华书店
开　　本：710 mm×1000 mm   1/16
印　　张：12.5
字　　数：205 千字
版　　次：2021 年 3 月第 1 版
印　　次：2023 年 3 月第 3 次印刷
定　　价：45.00 元

策划编辑：冯谦益　　　　　责任编辑：欧阳美玲
美术编辑：李向昕　　　　　装帧设计：李向昕
责任校对：康　悦　　　　　责任印制：马　洁

丛书编委会

主　任：苏泽庭

副主任：徐文姬　陈如平　柳国梁

委　员：（按姓氏笔画排名）

马　兰　王晶晶　石伟平

朱永祥　刘占兰　李　丽

沙培宁　张新平　林小云

赵建华　袁玲俊　耿　申

戚业国　彭　钢　蓝　维

序一

　　"教育兴则国兴，教育强则国强。"实现中华民族伟大复兴的中国梦，归根到底是靠人才、靠教育，必须把教育事业放在优先位置。党的十九大报告提出的"建设教育强国"，主要方向是走中国特色社会主义教育发展道路。习近平总书记在 2018 年全国教育大会上明确提出"坚持扎根中国大地办教育"。中国的教育应根植于中华文明，守住中华优秀传统文化的根与魂，讲好中国教育故事，创生中国特色理论，为人类贡献中国智慧和中国方案。

　　宁波简称"甬"，位于长江三角洲南翼，是我国东南沿海重要港口城市和历史文化名城。宁波教育源远流长，长盛不衰。唐建州学，宋设县学，人文荟萃，贤才辈出。在河姆渡文化的孕育下，宁波先后出现了一批又一批有影响力的教育思想家，如宋元时期的高闶、王应麟等，明清时期的王阳明、钱德洪、徐爱、方孝孺、朱之瑜、黄宗羲等，民国时期的陈训正、张雪门、杨贤江等。这些先贤都为宁波的教育做出了不朽贡献，在中国的教育发展史上发挥了重要作用，是甬派教育家的典型代表。

　　改革开放以来，宁波市的基础教育实现了跨越式发展。宁波教育本着"以人民为中心"的宗旨，全力"办人民满意的教育"。人民满意的教育是优质公平的教育，是"办好每一所学校""教好每一个孩子"的教育。谁来办好每一所学校呢？除了政府提供必要的条件外，"教师是立教之本、兴教之源"。那么，靠谁把广大教师组织起来呢？靠校长。有一位好校长，才有一所好学校。宁波基础教育高水平优质发展的伟大实践，亟需一批"教育家型"的优秀校长。正是基于这种思路，从 2009 年开始，宁波市就启动了"甬派教育管理名家培养工程"，2017 年 3 月启动了第二期工程。

　　一项人才培养工程能够持续开展十余年，并持续发挥重要作用，这本身就值得研究。长期以来，宁波市一直重视中小学校长和幼儿园园长队伍的建设，注重校(园)长成长规律和培训规律的研究，凭借宁波人"敢为人先"的创新精神，开创性地提出了教育干部培训的宁波模式和宁波经验，形成了"新任校长—合格校长—骨干校长—名校长—教育管理名家"的"五段三分双导"校长培养的完整体系。"甬派教育管理名家培养工程"位于宁波市教育干部培训"金字塔型"培养体系的塔尖，代表了宁波市教育干部培训工作的新高度，已经成为宁波市教育干部培训的新品牌。第二期"甬派教育管理名家培养工程"采用"双导师制"，聘请国内著名教育专家为理论导师，聘请全国有影响力的著名校长为实践导师，采用课题研究与经验提炼相结合的方式，来进行三年学习、两年展示的为期五年的培训，进而培养出教育管理的领军人物。这次出版的"甬派教育管理名家系列"丛书就是第二期培养对象经过三年学习，在名家的指导下，对自我教育实践进行提炼和提升的成果。

丛书的出版，虽然有种"立此存照"的意思，但更重要的是为了提供一种"本土经验""本土智慧"和"本土创造"。本系列丛书，有的是对办学实践的经验反思，有的是对办学主张的提炼梳理，有的是对办学理想的叙说表达……这些教育经验、教育主张、教育信念和教育理论，共同组成了新时代"甬派教育管理名家"的教育思想。细细品味丛书，我们可以清晰地感受到这批"甬派教育管理名家"办学思想背后的文化底蕴。

"知行合一，就是要行必务实。"本系列丛书的每一位作者都是宁波校长队伍中的优秀代表，他们的成长都建立在成功办学的基础上。每一本专著背后，都有一所或几所优质学校做后盾。从每一位校长的成长历程中，我们可以清晰地看到，"知行合一"已经成为他们共同遵循的基本观念。他们强调做实事、务实功、求实效，确保定下的每一件事能做到、能做好。他们强调"经世致用"学风，"务当务之务"，勇于任事，致力创新。本系列丛书记录了他们从理论到实践的行进方式，促进了宁波教育的率先发展，体现了"实践、认识、再实践、再认识"的实践论观点。

"知难而进，就是要行不懈怠。"本系列丛书在编写和出版过程中遇到的困难是显而易见的。从出版的数量上看，一项工程要出版 20 本专著，这在宁波市教育干部培训历史上是前所未有的。本系列丛书出版的组织者——宁波教育学院，坚持志不求易、事不避难，这种担当精神令人敬佩。从出版的质量上看，作为专著的作者，各位校长要从忙碌的日常管理工作中抽出时间是一件十分不易的事，而且在写作过程中还会遇到各种问题，这些对他们来说都是很大的挑战。但是，他们敢于直面挑战，勇于解决问题，把不可能变成了可能。因此，本系列丛书的成功出版，是各方知难而进、共同奋斗的结果。

"知书达礼，就是要行而优雅。"有着 400 多年历史的天一阁，是中国现存历史最悠久的私家藏书楼，也是世界上最古老的三大家族图书馆之一。它使人们真切地感受到了书香宁波的特有气质。本系列丛书的出版既是对这种城市魅力的共建，又是对流淌在宁波教育人身上"书卷气"的体现。从工程一期的《我的教育思想》到这次二期的系列丛书的出版，反映了宁波教育人注重内涵发展、崇尚理性思想、爱好著书立说的优雅旨趣。翻开丛书，我们从字里行间都能感受到各位校长在办学过程中体现出来的崇文重教、崇德向善的教育思想和知书达理、彬彬有礼的人格魅力。

"知恩图报，就是要行路思源。"宁波人懂感恩、会感恩，本系列丛书的出版也是一种感恩回报。在工程的实施过程中，他们有幸得到了全国著名教育专家的指导；他们感恩各位导师的辛勤付出，珍惜与导师的深厚情谊。本系列丛书的出版是他们对导师最好的回报。他们有幸遇到了北京师范大学出版社，敬业勤勉的编辑老师的专业指导助推了丛书的顺利出版。他们感恩党和政府，正是在党的正确领导下，才实现了他们的个人价值。他们感恩教育本身，蓬勃发展的教育事业为他们提供了研究教育、施展才华和专业成长的沃土。本系列丛书的出版，必将对宁波教育的发展发挥重要作用。他们感恩所有关心、支持和帮助过他们的人，本系列丛书正是他们抒发这种感恩之情的载体。书中提到的每件事、每个人，其背后都是浓浓的感恩之情。

总之，"甬派教育管理名家系列"丛书的出版是宁波教育史上的一件大事，是宁波教育向中国共产党成立 100 周年的献礼之作，必将对宁波教育努力率先高水平实现教育现代化的新时代总目标发挥重要作用。

苏泽庭

2020 年 8 月

序二

2017 年 3 月，宁波市第二期"甬派教育管理名家培养工程"启动，29 位宁波市知名校长入围受训。此工程是宁波市加强校长队伍建设的创新之举，也是宁波市校长培训工作的顶端品牌，旨在落实"教育家办学"理念，通过培养一批"更加专业""更加卓越"的"本土教育家"校长，来领导宁波教育的创新发展。我受宁波市教育局、宁波教育学院、宁波市教育行政干部培训中心的委托，全权代邀 10 位国内著名的专家学者组成了一个专业的导师组，我有幸被任命为组长。三年多来，经过面试面授、外出游学、著书立说、登台报告等环环相扣的程序，"甬派教育管理名家培养工程"已完成大部分的目标和任务，进入了最后的收官阶段。

回首当初，宁波市教育局、宁波教育学院、宁波市教育行政干部培训中心和导师组曾就此工程提出了"五个一"的目标，即每人申报立项一个课题，在核心期刊上发表一篇学术论文，每年外出短期游学拜师一次，撰写一部教育管理专著，举办一次办学思想研讨会。其中，最为重头也是最硬气的，就是要求第二批教育管理名家培养对象人人完成一部专著，即基于办学实际和对教育内涵、教育教学管理具体工作、办学育人规律的认识，对教育问题进行思考并总结行之有效的经验做法，通过思考、梳理、总结、提炼，结集成册，最后形成一本专著。令人欣慰的是，在宁波市教育局、宁波教育学院、宁波市教育行政干部培训中心的领导下，在导师组的精心指导下，29 位培养对象中，共有 19 位校长最终提交了书稿，编写成"甬派教育管理名家系列"丛书。由北京师范大学出版社正式出版，成为"甬派教育管理名家培养工程"的标志性成果。

30 多年来，我始终关注学校的发展问题，特别是校长这个学校发展的关键性和决定性因素。俗话说得好，"火车跑得快，全凭车头带"。从某种意义上说，校长的素质决定学校的发展，没有高素质的校长，就不可能有学校的可持续发展。近年来，大量的学校实践案例和校长实践经验，让我对"一位好校长就是一所好学校"这一信条深信不疑。这一点已在第二期"甬派教育管理名家培养工程"的培养对象的办学成果以及他们各自的专著中体现了出来。2020年9月15日，《教育部等八部门关于进一步激发中小学办学活力的若干意见》(以下简称《意见》)发布，明确提出注重选优配强校长，努力造就一支政治过硬、品德高尚、业务精湛、治校有方的高素质专业化校长队伍。这是激发办学活力的关键性因素。《意见》不仅增强了我们实施"甬派教育管理名家培养工程"的信心和决心，也给未来中小学校长的选拔、培养等提出了新的目标和要求。

关于校长的素质特征、能力表现等，我结合近年来自己的研究，认为现在衡量和评判校长水平高低的重要标准或指标有了变化，除了显性的办学成就和管理水平外，还要看他教育思想的整体性、系统性和集成性，看他办学思路的完整性、清晰性和流畅性，看他育人成果的全面性、发展性和创新性。这些标准或指标，以往可以体现在学校章程、发展规划、年终总结或述职报告等载体中，如今必须通过系统思考、全面梳理和总结提炼，形成办学育人的规律性认识以及体系化架构，最终集合成综合性论文或学术专著来展示。这也是我们在第二期"甬派教育管理名家培养工程"中如此重视和强调著书立说的原因。

鼓励和引领校长去著书立说，在实际操作时容易走向功利化境地，对此社会上和教育界内出现了不少反对的声音。尽管我也特别反对教育中各种功利化的做法，如校长为出书而出书，但我还是会建议校长随时对自己的办学思路、行为及其结果进行思考、总结、梳理和提炼。这既是校长的基本功和校长专业发展的必修课，也是加强校长队伍建设的重要任务。那么，如何做好这一项工作？在此，我用教育管理名家的"名"字做些发挥，谈谈自己的三点体会，同时也表明我对"甬派教育管理名家培养工程"的认识、态度和立场。

第一，要弄清楚因何而"名"。所谓"名"，是指知名、著名。校长有名，实指校长声望高、有影响力。在现实中，名校长包括两层含义：一是名校的校长；二是知名或著名的校长。二者往往又是可以转化的。校长先担任名校的校长，再在办学上有所动作和贡献，使自己成为知名或著名的校长；也可以是知名或著名的校长执掌一所学校，把学校办成名校，使自己成为名校的校长。学术界给出了很多关于名校长的定义和主要特征，但从总体上看不外乎三个方面：一是办学成功，二是思想定型，三是影响力大。"甬派教育管理名家培养工程"的培养对象都或多或少地具备这三个方面的特征。

我一直认为，名校长是一个发展性的概念。任何事物的发展都是由量变到质变的过程。一位校长的成功与成名也是一个积累和发展的过程，不可能一夜成名。任何一位名校长，都是其办学思想和办学业绩得到广泛认可后才逐渐成名的。教育行政部门对名校长的认定只是一种形式。从根本上讲，名校长不是自封的，也不是任命的，而是社会公认的。名校长在被教育行政部门认定之前就已经在教育界和社会上具有了一定的名望。名校长的"名"应是一种社会影响和社会认可。引导和鼓励校长成为名校长，可以使校长有更高的追求和境界，从而把学校办得更好。

第二，名校长要擅长"明"。一位优秀的校长必须有独具特色的教育思想并身体力行。苏霍姆林斯基根据自己多年从事校长工作的实践经验，提出领导学校，首先是教育思想上的领导，其次才是行政上的领导。这是一个十分重要的观点，也是校长管理学校的客观规律。教育家是实践家，衡量教育家的首要标准就是他们在教育实践工作中的成绩：或育才有方，或治校有方、成绩突出。名校长都是成功的校长，是治校有方、办学成绩突出的校长，理应被称为教育家。教育家要有自己的办学思想，甚至有的教育家还创立了新的教育理论。他们都必须亲身从事教育实践，把办学思想和新的教育理论用于教育实践并且取得显著的成效，否则就不能被称为教育家。这是所有想成为名家的校长们必须懂得的道理。

"明"就是要明理。明理是指读书人要达到一种通达慧明、明晓事理的境界。名校长要明以下三方面的理。一是教育之理，说的是教育的本质特征。《说文解字》对"教育"之理讲解得非常精辟："教，上所施下所效也""育，养子使作善也"。这两句话表明育人是教育的本质。二是办学之理。办学是有规律可循的。办学规律及其衍生出来的运行体系、体制和机制等，都是办学之理。三是育人之理。弄清楚"培养什么人"的问题，这是教育的首要问题，同时还要弄清楚"怎样培养人""为谁培养人"等问题。这三个问题构成育人的有机整体，不可分割，只有如此才能培育和造就全面发展的人。名校长还要善于捕捉代表时代发展和前进方向的新思想、新观念，善于用批判的眼光、理性的思维去分析教育的问题，对自我教育行为进行反思，不断深化对教育的规律性认识。

第三，名校长要善于"鸣"。鸣，就是发出声音。意思就是，名校长要善于表达，善于发表自己的意见和主张，引导舆论，营造氛围。"千线万线，只有一个针眼穿。"千线万线指的是各种各样的政策、理论、理念和方法；这个针眼是指学校实践，任何政策、理论、理念和方法都要通过学校实践来落地实现。当下，名校长必须把以下问题的落实和解决作为己任，下足功夫，写好文章。一是全面贯彻党的教育方针，建立健全立德树人教育机制，大力发展素质教育，着力培养学生的社会责任感、创新精神和实践能力。二是深化教育教学改革，不断推进课程改革，优化教学方式，探索因材施教的路径、机制和策略，创建适合学生发展的教育体系。三是注重理论与实践的结合。校长要用科学的理论指导教育教学实践，要通过实践总结、创造出新的科学理论，从而再用新的理论去指导新的实践，提高办学育人水平；同时，还要结合时代和教育的发展，不断融入新的元素，寻找新的增长点，实现发展目标。四是善于传播先进的教育思想理念，既能用自己先进的教育思想和教育价值去影响教师和改造教师，促进教师教育观念和教学行为自觉地转变，又能科学引导家长和社会树立正确的教育观、育人观，努力营造良好的教育生态环境。

陈如平

2020 年 9 月

"行走"中的思想
彭钢

2017 年 3 月 22 日，在宁波市教育管理名家的开班式上，我与全国的许多专家一起受聘于宁波市教育局和宁波教育学院，成为甬派教育管理名家培养工程的导师。很有缘分，宁波市惠贞书院的杨云生校长选择我做他的导师，三年多的共同交往，让我们成了好朋友和好兄弟。

第一次见到杨云生，他就给我留下了"特别"的印象。他主动"交待"了选我的原因，大致有以下三点：一是他自认为年龄较大，不太可能选一个年龄比他小的导师，他出生于 1966 年，属马，我出生于 1959 年，属猪，比他大了七岁，多吃了七年饭，多了七年的阅历，感情上他容易接受；二是他认为江苏基础教育整体水平较高，有很多很棒的名校，因此选了我就可能会有很多机会去江苏考察和学习；三是他对学校文化建设的实践和探索付出了很多心血，也有很多心得，他希望有专家对他进行更为专业、更为系统、更为高位的引领和指导。他了解到我早在 21 世纪初就开始结合江苏、上海的实践，系统地研究学校文化建设，发表了很多文章，获得了很多成果。上述三个原因都"太实在"了，相处之后我发现杨云生"实在"的背后其实是十分清高的，甚至有点孤傲。

当然他的孤傲是他实力的表现。杨云生在进入这个工程之前，已经是圈内很有影响力、在当地很有名气的校长，他写了很多的文章，还有三本专著出版。在这三年的接触和相处过程中，我真正认识到这个"实在人"不仅是一个扎扎实实做事情的校长，更是一个有理想、有思想、有内涵、有品位的校长。

就拿学校文化建设来说，我第一次到他的学校就留下了深刻印象。三年后他在原有的基础上不断改进、不断完善、不断出新，应该说已达到了很高的层次，拥有了很高的品位。我以为起码有以下三点值得充分肯定。

一是惠贞书院的学校文化体现了东、西方文明，传统与现代价值的充分融合，不仅鲜明地体现在校园环境、学校制度、活动组织上，而且充分表现在师生行为上。可以说，学校为学生的成长提供了一份有人类文化"多样性"和"丰富性"的充分养料，创造了一个真、善、美相统一的"世界窗口"，在这样的校园里学生耳濡目染，可以体验到真切的文化魅力，享受文化滋养。

二是学校的精神文化与物质文化充分融合，融合到了校园内每一个环境、每一个景点和每一个细节之中，使得校园内的每一处都值得停下脚步，慢慢品味，仔细琢磨。精神文化与行为文化拥有较高的匹配性和一致性，鲜明地体现在师生行为中，你可以从师生的微笑和表情中读出什么是"礼善"。相比而言，许多学校的精神文化，像校训、校风、师风、学风等永远只停留在校长的报告和学校的校史室中，而无法落实在具体环境中和师生的行为上。

三是学生文化特色鲜明，不仅体现了成人文化的价值追求和方向引领，更体现了儿童(学生)文化的生动活泼、个性鲜明和创意无穷，为学校文化增添了暖色和亮色。我曾经上网查过惠贞书院的评价和口碑，有家长说惠贞书院与其他的名校不同，是"低调而有实力的"，很像校长杨云生的做派和风格；还有学生评价说"学校很美很美"，有毕业生说"一直美到心里"。

作为一所名校，惠贞书院最有特色和最有成就的就是学校德育，这一点很不容易。我记得三年前我第一次到学校，杨云生汇报学校工作和特色时，说得最多的就是德育，最让他自豪的也是德育，思考最深、想法最多的还是德育。一个学物理、教物理出身的校长，如此重视德育实在是出乎我的意料，当时我就做出了判断：他思考教育问题的重心已然超越了"成绩"和"功利"，着眼于人的健康成长和长远发展，有着比一般校长更宽的视野和更大的格局。惠贞书院的德育也非常有特点，学校很早就将中国传统文化及其体现的价值追求，完整而系统地引入学校德育工作中，使之成为"有根"的德育，培养"有根底"、有内涵、有品位的学生，并有效促进了学校的整体工作，其中包括学校文化建设。创造性地建构和实践了既符合学生成长规律又符合德育原理的"行走德育"，贯穿了"知行合一"的理念和原则(2019 年公布的《中国教育现代化 2035》把"知行合一"作为教育现代化的八大基本理念之一），一点都不亚于西方的"价值澄清范式"。因为道德首先是"做"的事，而不是"辨"的事（尽管有时也需要"澄清"）。将德育工作整合、渗透进学校其他工作中，与学生社团、科技活动、班队建设、环境建设融为一体，让每一个教师都成为自主而积极的德育工作者，都为学生健康成长负责，让每一个学生在学校生活的方方面面都体验和经历"做人"和"为人"，是惠贞书院宝贵的德育工作理念和经验。

他要写一本关于学校德育的专著，我是非常赞赏的。在我的三个校长"学生"中，他第一个写好了初稿并发给我看，可见他是多么努力和勤奋，也是多么在意这本著作。但他写的这部著作并不是我原本想象中的著作，因为它显得非常"特别"，超出了我们对"著作"的常规理解。后来经过我与杨云生的反复沟通，又经过他的多次修改和完善，现在通过了出版社审查，即将出版，我颇感欣慰。

关于这本书，我想说以下三点。

首先，这本书全面体现了杨云生对学校德育问题的真切而系统的思考。说真切是因为有学校教育的现实情境和问题场域，而不是纯学理性的言说，更不是无病呻吟；说系统是因为他涉猎广博，思考完整，思想颇有广度和深度。每一章都是一个独立的思考主题和思考单元，章与章之间又有着内在联系，表面上看似乎是思想和观点的"漫游"，其实有贯穿其中的灵魂。就像"行走德育"一样，这本专著是杨云生关于德育的"行走思想"。

其次，杨云生关于学校德育的思考和认识，是基于学校实践而又高于学校实践的，既源于学校实践又超越学校实践，是学校群体的共同实践成果，也是杨云生的个性化的理解和表达。我们不仅可以在"实践篇"中读到他的思想，也可以在"理论篇"中发现有价值的实践。

最后，最有价值的是，在形成和打磨这本著作的过程中，杨云生为惠贞书院的德育实践概括和提炼了一个灵魂——"礼善"，并在许多章节中进行了反复论述和不断阐发。他力图赋予"礼善"以教育哲学的理解和现代学校教育的内涵，从而为惠贞书院"立德树人"的新实践和新探索找到新的方向。

（彭钢教授为国家督学、江苏省教育学会副会长、江苏省教育科学研究院研究员）

目　录
CONTENTS

理论篇

理论篇

　　"礼善"是我校德育文化建设的核心，它是"立德树人"教育总体要求下学校文化建设的一种追求。为了建构以"礼善"为核心的学校德育，我们需要对德育问题进行系统的梳理和论证。

第一章

德育问题与价值重塑

∧
∨
∨∨
∨∨
∨∨
∨∨
∨

　　学校德育是一个系统工程，当学生发展问题比较多的时候，我们必须反思德育中存在的问题，找出病根，对症下药，这样才能完成"立德树人"的历史使命，学校"礼善"文化的地位也才能真正得以确立。

一、目前学校德育存在的问题 >>>>>>>

　　当下，在学校听到教师议论最多的问题是，现在的学生越来越不好教了，越来越不好管了。师生冲突、家庭和学校的冲突，甚至恶性事件偶有发生。这既是社会转型期社会问题在教育上的具体反映，也体现出了德育在学校教育系统中的乏力。其实，不少问题都和学校德育的缺失有关。当下学校德育存在哪些问题呢？

　　第一，对"立德树人"的重大意义认识不清。我们说教育观念决定教育行为。党的十八大明确提出要把"立德树人"作为教育的根本任务。各个学校高度重视，采取各种措施推动这一工作。但也有不少单位面对这一新形势、新要求，认知并没有多大提高，行为并没有多大改变。也有一些人认为所谓"立德树人"只不过是一个新口号而已，走走过场、装装样子，过一阵子又会一切如旧。① 这样德育便出现了说的重要、实际不重要的情况。其实德育是学校工作的核心，名副其实的教育，本质上就是品格教育。因为真正的教育者并不仅仅考虑学生个别功能，像任何一个教育者那样只打算教学生认识某些确定的事物或会做某些确定的事情；

---

① 檀传宝：《立德树人实践应有的三大坚守》，载《人民教育》，2013(21)。

而是他总是关切着学生的整个人，即当前你所看到的他生活的现实情况，以及他能成为什么样人的种种可能性。① 也就是说，只有品格教育，才是对学生进行"整全"的教育，这里从"整个人"的角度指出了德育的重要性。而在我们日常的德育工作中，并没有认识到德育和一个人真正的成长以及品格形成之间的重要关系。有的人把德育工作放在可有可无的位置，认为德育仅仅是对学生日常行为——起床、扫地等的要求。在学校"一切为了应试"的目标下，德育成了考试的附庸，甚至变成了为智育服务的手段。然而，任何教育归根到底都是对人的教育，教育是为人的。"为人"的全部意义在于人的健康成长，健康成长的底座不是他掌握了多少知识，而是他的品德修养如何。个人的发展一般包括身心两个方面，身体的发育指体质的强壮，心的发育指感受、记忆、想象、思维和品质的发展。在这里，人的品质德行是至高无上的统帅，决定着一个人的素质层次，也决定着一个人所能造成的社会影响力。若要造就出一个个既能实现自身发展，又有益于社会的能人优才，身负教育使命的教育者，必须认识到：在所有的发展中人的品质处在绝对统帅的位置，由此我们可知，决定人最终成为"人"的核心是德育，而不是其他，也就是"人是第一决定因素"，这个"人"一定是具有优秀品质的人。只有从骨髓里、血液里认识到教育与德育须臾不可分离的本质，教育者才可能真正理解德育的重要性，真正发自内心地承担教书育人的天命、立德树人的责任。② 早在两千多年前，孔子就指出：爱好仁德而不爱好学习，它的弊病是受人愚弄；爱好智慧而不爱好学习，它的弊病是行为放荡；爱好诚信而不爱好学习，它的弊病是危害亲人；爱好直率却不爱好学习，它的弊病是说话尖刻；爱好勇敢却不爱好学习，它的弊病是犯上作乱；爱好刚强却不爱好学习，它的弊病是狂妄自大。他告诫人们，即使你信奉仁、智、信、直、勇、刚的品德，如果"不好学"，即不通过学习来把握其实质，理解其意义，那么往往适得其反。比如春秋时的宋襄公，在宋楚开战之时讲"仁"，不仅吃了败仗，自己还受了伤。学校的德育工作也一样，若仅仅作为一种教条或书本上的知识来记忆，仅仅作为学生的"分数"之一，而不是通过思想品德的学习来提高学生自身修养，那么只会走向弊端。

① 刘光前：《中外教育名文 100 篇》，马丁·布贝尔《品格教育》，140 页，海口，海南出版社，2007。

② 檀传宝：《立德树人实践应有的三大坚守》，载《人民教育》，2013(21)。

约翰·洛克在《教育漫话》中指出：德性是第一位的，是最不可缺少的；一个人要被人看重，被人喜欢，要使自己也感到喜悦，或者也还过得去，德性绝对是不可缺少的。[①] 德育无可辩驳地说明：它对人的成长有决定性的选择、定向的作用；有给人信念、力量的作用；有给人幸福的作用。德育从某种意义上说，就是教育的全部。

第二，德育内容的窄化、功利化。所谓德育内容的窄化上面也已提到，只把德育当作处理学生日常生活的一般要求，没有高远的德育目标，更没有从育人的全局高度、人性形塑、精神建构、人的健康发展的角度来思考学校德育。正如评论家雷达所说，我们的时代已经进入"缩略时代"。所谓缩略，就是把一切尽快转化为物，转化为钱，转化为欲，转化为形式，直奔功利目的。缩略的标准是物质的而非精神的，是功利的而非审美的，是形式的而非内涵的。缩略之所以能够实现，其秘诀在于把精神性的水分一点点挤出去。像压缩饼干似的，卡路里倒已足够，滋味却没有了。[②] 学校的德育也走向这种"缩略"的趋势，一切都成了"压缩饼干"，一切都为了"立竿见影"的成绩。这和不少学校或"专家"推崇的"高效课堂""万能作文"等如出一辙。这种"缩略"性德育直接导致的后果则是"德育的功利化"。"功利化德育"不仅窄化了德育的功能，而且扭曲了德育的价值。提高、扩展人的价值，能最大限度地发挥人的创造才能，就在于使人活得更有意义，更有人的尊严，人格更高尚，意识到自我存在的意义。[③] 这本来是德育的应有之义，但功利性教育把这些都丢失了。"德育功利化"的主要特征，用檀传宝的话来说就是：不顾品德内化规律，否定道德学习主体化，用规范宣讲取代心性修养的纯外砺过程成为中国德育现实的主流特征。这种功利化的具体表现是，在进行德育时，考虑的不是德育对学生心灵的影响、行为的矫正，而是效果，比如，学生听不听话，上课认不认真听讲，作业愿不愿意做，把德育"庸俗化"。更有甚者，把德育完全政治化，德育是不是和形势合拍，受不受上级领导的肯定等，却忽视青少年的身心发展规律。还有，对现实生活中出现的问题，一概泛道德化，就比如学生出现一些小问题，都从品德的角度上纲

① [英]约翰·洛克：《教育漫话》，傅任敢译，119～120 页，北京，人民教育出版社，1979。

② 古耜：《浸入生命的反思与美感》，载《文艺报》，2017-07-28。

③ 孙喜亭：《人的价值·教育价值·德育价值》（下），载《教育研究》，1989(4)。

上线，甚至认为学生的一切都应按自己的要求去做，稍有迟缓或违抗便认为其道德有问题。而且只理解为政治教育，容易忽略学生行为细节所表现出来的品德特征，从而使真正的德育迷失育人的方向。因此，我们一定要认清德育既不是"思想政治教育的同义语"，更不是"道德教育的简称"。德育是相对独立的教育体系，它以品德教育为中心，以培养全面发展的人为方向，以人格塑造为核心，目的是培养全面健康发展的和谐的人。我历来主张"大德育"观念，就是说德育决不能走"缩略性""功利主义"的路，德育要和社会未来发展对人的要求，经济全球化、智能化发展的客观实际结合起来，和我们学校的教育教学理念结合起来，和班级工作、研学旅行、社会实践和学科教学等结合起来，从而形成一种合力，只有这样才能真正促进学生"核心素养"的提升，使"立德树人"真正落到实处。

第三，德育工作脱离学生的实际。德育工作为什么受到教师们的忽视，除了以上因素以外，还有一个很重要的原因，就是德育工作脱离社会的实际、学校的实际、学生的实际，是为"三脱离"。我们知道，改革开放40多年来，人们的社会道德要求已经发生了翻天覆地的变化，现实生活给教育带来了前所未有的冲击，这不仅表现为道德环境发生了巨大变化，而且具体到我们学生——道德教育的对象，道德教育的内容、途径与手段也发生了巨大变化。互联网的出现本身就给学生的成长提供了广阔的背景，与此同时，也伴随着影响学生道德形成和发展的很多问题。而我们不少德育工作者，还是抱着过去的一套，没有对巨大变化的德育环境做出有效的回应，有的只是强制——德育最忌讳的方法。而说到所谓脱离学校的实际，就是说很多时候我们的德育是随意的，有不少是头痛医头，脚疼医脚的。就拿班会课来说吧，本来是一种很好的德育教育的承载形式，却因为无计划的、根据学校的临时规定而随意进行，或者班级里出现什么问题就讨论什么问题，完全没有章法可循。这样一来，德育教育根本无法和学校的办学理念、培养目标等进行有机地结合，也就使得德育教育与学校对学生的全人要求成了两张皮。这样学校的要求和班级或教师实际进行的教育往往产生悖逆的情况，其德育的力度、效果就可想而知了。而最为严重的是脱离学生的实际，其表现为德育目标空而宽泛。长期以来，我们的德育目标，一是模式化，不考虑学生的个体差异，德育目标过于单一，缺乏针对性；二是理想化，脱离学生生活实际和道德认知水平，对所有学生都提出不切实际的过高要求。比如，我们经常不厌其烦地告诉学生，要有理想、有志向，要爱学习、爱劳动，要尊老爱幼，等等，对小学生如此，对中学生亦如此。这些要求，这些问题，是应该要求的，但这种大而空的要求，对学生道德的成长有用吗？回答是否定的，德育只有适合学生的成长特点，触及学生的灵魂才会发挥它应有的作用。

第四，德育方法陈旧单调，形式化倾向依然严重。虽然已经进入智能化的时代，但是，我们德育的方法，主要还是以说教、灌输为主。虽然随着经济条件的改善和科学技术的进步，德育方法的选项已经相当丰富，对单纯的以说教为主的方式产生了一定的冲击，比如，影像的引入，"行走德育""研学旅行"或"社会实践"的有效展开，但德育的整体格局还没有从根本上得以改变。在一些学校中，德育的教学内容生硬，以让学生记住爱老师、尊师长、守纪律、爱祖国、勤奋、公正等词语为主；形式主义严重，学生根本没有对德育的要求有深刻的理解，更没有深刻的体验，以致形成要求和行为脱节的现象。更有甚者，德育也像数理化一样进行考试，也以得高分为目的，不仅毒化了德育的氛围，而且这样的教育基本上使德育处于一种"空窗"状态。有的学校不根据学生的年龄特点和接受能力展开教育，而是单纯为了应付上级的检查，或者把德育作为作秀的一种形式手段，使得德育本末倒置。鲁洁老师曾说过，道德教育指向的是人的自身，它的主旨在于导人以善，使人在善的、道德的追寻中活得更有意义，与人、与自然相处得更为融洽和谐，使人得以建构起更为完美、充实的意义世界。当代教育的沉疴在于它"太忙碌于现实，太驰骛于外界"（黑格尔语）。由于它放弃了"为何而生"的教育，荒废了它在意义世界中应负的职责，不能让人们从人生的意义、生存的价值等根本问题上去认识和改变自己；也必然性地要抛弃塑造人自由心灵的神圣的尺度；把一切教育的无限目的都化解为谋取生存适应的有限的目的，教育也就失却了它本真的意蕴。① 这些话，一针见血地指出了这种形式主义德育的实质，应引起我们的高度注重视。

当下，学校德育中，所存在的问题是很多的，比如，重智轻德、重管轻育、重单项轻系统、重当下轻未来等，我们指出以上种种，目的是

① 鲁洁：《当代德育基本理论探讨》，160～161 页，南京，江苏教育出版社，2003。

引起人们的思考。

二、重塑学校德育的价值意义 >>>>>>>>

聚焦孩子的成长问题，其实质就是聚焦孩子的德育，这已经成为人们的一个共识。在我们的教育中，只有真正理解德育的价值，我们才能在德育活动中，努力去完成我们应尽的义务，促进学生真正的发展。

道德作为人类社会的一种精神产物，它发轫于人类的生命、物质活动，人们为了生存，为维持与发展物质生活，必须使人与人之间保持正常的关系，道德、道德教育也由此产生。[①] 从道德的产生来看，它就是为了调节人和人之间的关系，也就是说德育的首要价值是为人的，为了人的交往，为了生命的发展与和谐。应该说，人类自产生之日起，就有了教育；自从有了教育，也就有了德育。原始人虽然不像后来人那样，有很多规范和信条，但是他们要维护自己的生存，使自己的部落不被其他部落所消灭，毋庸置疑的是他们必须要有群体行为的规范，尊重这种规范也就是遵守人们的道德。随着人类社会的发展，人口的增加，人的多样性的存在，为了保持群体的存在和发展，其要求规范更加多样，道德的要求也更加严格，这样德育作为人们生命发展的保障，作为促使人和谐发展的重要规范也日益完善。我们说，正是因为"道德"，才促使人类自身的发展与和谐，才维持了生命群体自身的尊严，没有道德的社会，是不可想象的。道德本质不在于使受教育者了解人们的现实行为是怎样的，而在于使受教育者认识人类行为在规定的环境下应当是怎样的，人类行为的理想状态应当是怎样的，如何更快地接受这个理想。按照某种高于现实的理想去培养塑造人，促使人追求和接近这种理想，正是德育的本质所在。[②] 这里同样指出了德育为人发展的特性，也就是德育总是按照应然的状态去引导人、塑造人，因此，德育是为实现人类的理想的教育。无论是群体规范的建立，家庭伦理的形成，还是道德法律的产生，其目的都是规范人在社会中的行为，使其向着"道德""善""希望"的方向发展。因此，道德的首要价值就是对人的成全。正如肖川所说：作为人

8

① 鲁洁：《当代德育基本理论探讨》，34页，南京，江苏教育出版社，2003。
② 李太平、刘亚敏等：《学校德育的使命》，9～10页，武汉，湖北教育出版社，2013。

类中的个体，之所以有对教育的需要，就因为人是"合群的动物"，作为个体的人只有在社会中才能够生存。人类在婴儿时期生存本能的匮乏，使得他具有无助性，要得以生存和发展就必须依赖教育。教育就是帮助儿童获得生存和发展本领的事业。① 德育何尝不是如此。道德教育在人从一个自发自在之人转向一个自觉自为之人的进程中，始终扮演着对人的灵魂进行润泽滋养、引领提升、充实触动、反思生成的角色。所以，道德教育的天赋使命在于成就人性、完满人格、建构德性，这是人异于动物的本质特征。② 这里清晰地指出了德育发展人、成全人的价值特性。

德育不仅仅是对人的成全，对学校、社会的和谐同样有着巨大的价值。我们知道，学校是培养人的地方，它的目标就是为社会提供合格的后备人才，所谓合格，简单来说就是"德才兼备"。学校从整个氛围来讲，是整个社会中最具活力、生机的地方。学生代表着祖国的未来、民族的希望，他们肩负着富强祖国、贡献人类、构建人类命运共同体、构建和谐社会的历史重任。但是，目前来看，由于德育被边缘化，有些学校放松了对学生世界观、人生观、价值观的教育，一些学生不思上进，盲目攀比，没有理想，没有眼界。由于互联网以及经济大潮的影响，有些学生蔑视英雄。受应试教育影响，一部分学生围绕考试而学习，抱着学习好一切都好的错误观念，忽视了对品德的修炼。这些导致学生集体主义观念淡化，个人主义观念风行，人际关系恶劣。我们知道，构建和谐的人际关系，对班级建设、校文化建设十分必要。而和谐的建立，关键在于心态，心态又与一个人的道德水准有直接的关系。一个处处为自己着想的人，他绝对不会以谦让之心来对待同学；一个具有贪心之品行的人，绝不会轻易帮助别人；一个有嫉妒之德性的人，他在交往中也不会用欣赏的眼光对待别人，由此可知，道德是和谐的基础。我们知道，学校和社会是紧紧相连的，我们今天培养的学生，早晚要走向社会。一个学生在学校没有形成良好的道德品质，不能用良好的道德促进班级、学校和谐，假如你说，他走向社会一定会用他"良好的道德"促进社会和谐那是不可能的。因此说，学校德育的强健，不仅对学校的和谐有着重要的作用，对社会的价值也如此。英国学者威尔斯在他的《世界史纲》中毫不夸

---

① 肖川：《教育的使命与责任》，24 页，长沙，岳麓书社，2007。
② 宋晔：《追问德育的价值》，载《中小学德育》，2013(7)。

张地写下了这样的一句话"人类的历史越来越成为一场教育与灾难的较量"。① 可见学校德育的巨大价值。从教育与社会的关系上看，教育作为现代社会的一个基础性、全局性和先导性的行业，理应成为社会进步的推动力量、思想先导和制度建设的楷模。② 当我们学校用德育的力量，促进了学校的和谐，从本质上看，也就是为社会的和谐积聚力量，也就是说，我们培养的学生具有了良好的德性品质，他能在今天促进学校的发展与和谐，在未来促进社会的进步与和谐。这也是学校德育的另一种价值。

德育促进个人幸福。《论语》中提出"仁者寿"的观点。什么是"仁者"呢？仁者是具有宽厚仁爱行为的人。孔子也说过"仁者爱人"，即待人宽厚大度，有高尚的道德修养的人即为"仁者"。《礼记》也说："大德必得其寿。"将人的寿限与道德结合了起来。《易经》也言："天行健，君子以自强不息。"它提示人若是不断进取，生命力就会强健，就会使人的生命延长。儒家以射、乐、琴、舞为怡情、养性、强体之法，并遵圣人之训，戒色、斗、贪，戒除了糟粕，剩下的便是良好的品质。苏轼也说："因病得闲殊不恶，安心是药更无方。"这就是说病后康复并无灵丹妙药，唯一的妙方是"安心"静养。在社会人群中，道德败坏者，道德乖逆者，贪婪淫欲者，绝不会讲道德。在我们的俗语中人们也常说，吃亏是福。为什么吃亏就是幸福呢？这里含着隐忍之德，包容之德。这些品德都会让自己因付出而心安。一切贪婪者，他们在汲汲于功利、钱财的过程中，一是会受到自己良心的谴责而整天瑟瑟；二是担心法律的惩罚而战战兢兢。因此，优良的道德，促使人们幸福。我们不也说"心安是福"嘛。"心安"的人一定是遵循道德规范的人，一定是不会做亏心事的人，这样的人即使满头银丝，但依然是面色红润，精神矍铄。他们德高望重，安心处世，光明磊落，性格豁达，心里宁静。"心底无私天地宽"，因为"无私"，所以终日心平气和；因为宽厚待人，所以没有嫉贤妒能的忧虑，心里始终是泰然自若的。一个人如果一直处于心平气和、泰然自若的状态，就可以使"主"明心正，这样的人怎么会不幸福呢！大德之人，胸怀宽广，高风亮节，不贪不淫，具有崇高的追求和高尚的志趣，爱亲友，爱同志，爱人

① 肖川：《教育的使命与责任》，13页，长沙，岳麓书社，2007。
② 肖川：《教育的使命与责任》，14页，长沙，岳麓书社，2007。

建构以"礼善"为核心的德育体系

民，宽以待人，有较强的人文关怀，拥有这样德性的人，能不幸福吗？英国哲学家罗素在其著名的《幸福之路》中指出：对人的友善的关怀是情感的一种形式，但不是那种贪婪的、掠夺的和非得回报的形式。后者极有可能是不幸的源泉。能够带来幸福的那种形式是：喜爱观察人们，并从其独特的个性中发现乐趣，而不是希望获得控制他们的权力或者使他们对自己极端崇拜。如果一个人抱着这种态度对待他人，那么他便找到了幸福之源，并且成为人们友爱的对象；他与别人的关系，无论密切还是疏远，都会给他的兴趣和感情带来满足；他不会由于别人的忘恩负义而郁郁寡欢，因为他本来就不图回报，也将很少得到这种回报。① 不幸之源在于贪婪、掠夺、违背道德；幸福之源在于友善、关怀、不图回报、"在独特个性中发现乐趣"等。也就是说，优良的道德，在促进个人和其他人的交往中，使人能够做到心安理得，在自己的"善行"中，使别人快乐也使自己快乐，等等。德育的本质促人向善，让人在其中享受善的快乐，超越现实的争斗，走入一种与人为善，立德立功的"大德之境"，这样能不幸福吗？这也是我校构建"礼善"文化的初衷。

德育给人一种不竭的奋斗力量。德育的核心是价值观，德育的终极目标是建构健康的心灵世界或者精神境界。价值观给人以方向，也决定人美好生活的样式，决定人的幸福，健康的心灵本身就给人以幸福、以力量、以不竭的动力源泉。德国哲学家康德曾说过，世界上有两件东西能够深深地震撼人的心灵，一件是我们心中崇高的道德准则，另一件是我们头顶上灿烂的星空。德育的另一个目的，就是建构人们"心中崇高的道德准则"，从而使人沿着健康的生命轨迹前行。爱国教育，使人燃起强烈的爱国热情，并且矢志为之奋斗，中华民族每到艰难危亡的时刻，便有许许多多的爱国志士出现，表现出民族大义，保持了民族大节，他们捍卫国家尊严，维护疆土完整，心怀天下，眷恋母邦，忧国忧民，为民请命，勇于革新，振兴中华，多少次使我们的民族转危为安，郑成功、林则徐、黄继光等，学生的爱国行为在我们民族的历史上立下了不朽的爱国丰碑，通过他们的事迹对学生进行教育，同样会燃起他们的爱国热情，给予学生不竭的爱国力量，使其为民族的发展贡献力量。爱国主义

---

① ［英］罗素：《幸福之路》，曹荣湘、倪莎译，48～49 页，北京，文化艺术出版社，2005。

就是千百年来巩固起来的对自己祖国的一种最深厚的感情。[①] 理想，是一个激动人心、熠熠闪光的字眼。古往今来，有多少人赞美它、向往它。它犹如心中的太阳，驱散前进途中的迷雾；又像黑夜中的灯塔，照亮人们奋斗的目标。古往今来，饱经贫穷、战乱，被压迫、被剥削的人们，一直在苦苦探求着一个理想的社会，古希腊有柏拉图的"理想国"，英国有莫尔的"乌托邦"，古代的中国则有儒家的"大同"、陶渊明的"桃花源"，等等。理想道德教育就是燃起学生追求的热望，激起人们对美好事物的向往，并为真理而献身。理想作为一种内涵价值因素的观念形态，它的指向是人们自身需要和外部世界及其间的关系，它的建构同样必须以人的需要和外部世界及其间关系为立足点。[②]就是说理想道德教育其目的是对外部世界的改造，为社会的发展做贡献。中国共产党是一个优秀的群体，从诞生之日起，就聚集了无数中华民族最优秀的儿女，他们甘于奉献，勇于牺牲，为了民族的解放，为了社会主义现代化建设，无私奉献，这些都是理想教育的鲜活教材；科学家、文学家、身边的英模都是理想人生的楷模。理想是立身之本，是力量的源泉，是活力，是生机，是内在的驱动力。再说集体主义教育。我们的民族文化历来讲究"群己和谐"的集体主义，孔子认为，群体生活不仅是人类社会的既定事实，而且是个体人生的客观需要，正因为个体需要，所以必须维护。[③] 这就是集体主义的来源。尊重集体，热爱集体，以集体的利益为重，个人利益服从集体的利益，这是中华民族的优秀传统，也是中国文化的精髓力量所在。中华民族历经磨难而不衰，历经帝国主义的围剿而不灭，正是这种集体主义力量的深刻体现。当一个人为了个人的利益而牺牲集体利益的时候，当一个国家为了自己国家的利益而践踏国际法的时候，其人必落，其国也必衰。我们国家以集体为重，以国家民族的利益为重，当国家、集体需要的时候，人们敢于牺牲自己的利益乃至生命，这正是我们伟大的祖国最具凝聚力、最不可征服的力量之所在。如眼下，一场突如其来的"新冠肺炎疫情"，在众志成城的同胞面前，在强大的国家凝聚力面前，它们不得不偃旗息鼓。同样，这种集体主义思想，在调节个人与他人的关系、走向集体和谐等方面也具有强大的作用。

---

① 《列宁选集》，608 页，北京，人民出版社，1955。

② 储培君等：《德育论》，275 页，福州，福建教育出版社，1997。

③ 李太平、刘亚敏等：《学校德育的使命》，48 页，武汉，湖北教育出版社，2013。

习近平早就提出，人而无德，行之不远。道德是社会发展和谐的基石，国无德则不兴，人无德则不立。作为一个人，没有良好的道德品质和思想修养，即使有丰富的知识、高深的学问，也难成大器。司马光在《资治通鉴》中谈道："才者，德之资也；德者，才之帅也。"他还以德、才为据，把人分为"圣人""君子""小人""愚人"四类——才德全尽谓之圣人，才德兼亡谓之愚人，德胜才谓之君子，才胜德谓之小人。可见德的核心作用。这就启发我们：如果我们的教育只局限于知识与技能素质的培养和教育，而忽视了思想道德素质的培养，那么，我们的教育就是畸形的，但从学校德育的现状来看，德育任重而道远，这些都需要我们通过提升德育价值的认知，提升德育的自觉意识来解决。

第二章

"礼善"之源与德育

我校以"核心素养"为取向，深化"礼善"文化建设，这是我们上一章所陈述的重要内容，也就是说，我们的"礼善"文化建设，坚持以"核心素养"为指针。而站在历史发展的新时代，我校德育文化建设，又如何从中国传统文化中汲取营养、寻找支撑，这是摆在学校发展中的一个重大课题。

我校在办学之初，就确立了以"礼善"为核心的文化建设指向，并且从德育、课程建设等方面进行了富有成效的建设。今天有必要对其进行一定的文化探寻，以期使学校的德育工作取得新进展，获得新突破，取得新成就。

一、"礼善"文化探源 >>>>>>>

我国自古就号称"礼仪"之邦，早在公元前的周朝便有了《周礼》这部系统规范人们各种行为的文化典籍。唐代孔颖达说"中国有礼仪之大，故称夏；有服章之美，谓之华。华、夏一也。"在古代汉语中，"中国"更多地属于一个地域概念，"华夏"则更倾向于代表一个文化共同体，而维系这个共同体并引导它繁荣、进步的价值基础，是"礼"和"义"。两千多年来，"礼仪之邦"（又叫"礼义之邦"）是中国无数仁人志士、圣君贤相所崇慕和追求的社会理想，同时，也是经由他们长期努力和奋斗而为中国赢得的誉称。从儒家经典来看，古代的"礼"几乎是中国古代价值体系和社会制度的总和，具有鲜明的文化特征，均与社会文化密切相关。李泽厚在《中国思想史论》中谈到《周礼》时指出：一般公认，它是在周初确定的一整套的典章、制度、规矩、仪节。本文认为，它的一个基本特征，是原始巫术礼仪基础上的晚期氏族统治体系的规范化和系统化。①

关于"礼"的起源，有多种说法，较有影响的是"礼"起源于原始宗教说，李泽厚也持这种观点。汉代的许慎、近代的王国维从字源学上解释"禮"字，认为"禮"是一个会意字，从示从豊，"示"谓"神事"，即我们所说的祭祀，"豊"谓以礼器盛玉奉神。这些都说明"礼"和宗教的关系，所以在相当长的历史时期内"礼"仍保留有原始宗教的胎记。比如，今天还保留的人们节日的行礼、跪拜等。随着社会化生活的深入和发展，以及人们认识能力和理智水平的提高，礼的宗教精神逐渐内化为道德自律精神。又经过一段历史时期后，礼的道德自律精神逐渐外化为法的他律精神。最终，礼的他律精神在一定程度上表现出政治的功能，从而辅助国家政治制度的落实。

任何一种文化现象都是有其历史原因的，为什么"礼"在中国文化中有如此重要的地位呢？用唯物主义的观点来分析，主要是因为，我国是农耕文明出现很早的国度，夏、商、周时期，在渭河和黄河流域以农耕为业的定居部落已渐趋密集，各族群之间的回旋空间相当有限。为了提高抗御自然灾害的能力和减少各族群之间的矛盾，各族很早便向交融、统一的方向发展。古代社会组织是从军事部落联盟脱胎出来的，它遵循着这样一个法则：越是讲统一，就越是讲等级秩序。所谓"礼制"，其实质就是等级秩序，所谓的"礼"就是人们为了达到社会的有序和谐应该遵守的规范。有人说，一个理想的人，一个理想的社会，必须具备乐的精神和礼的精神，此话信然。因此儒学才把礼仪作为一种"意义的信仰"来看待。

上面主要探讨了"礼"的来历及其本质，下面我们再来探讨一下"善"。从科学的角度来讲，它们都是伦理学的概念，而"善"往往又和真美并称，是为真善美，又和文艺的概念相联系。《说文解字》："善，吉也。从誩，从羊。此与义美同意。"意思是说"善，吉祥。字形采用'誩、羊'会义。'善'这个字，与'義'（义）、'美'同义。我们还可以进行以下分析：《说文解字》说从"羊"，而羊最显著的特征是羊角，引申为武功、武力，象征首领、权力和地位；而羊本身却是非常柔顺和善的动物。这意味着首领

① 李泽厚：《中国思想史论》，13 页，合肥，安徽文艺出版社，1999。

行使权力时，一定要仁慈才符合宇宙规律——天道，相反若是作恶多端，则多行不义必自毙，施暴政者必暴毙。上下两个羊头，可以理解为这是一个周而复始、循环往复的规律。中间类似简化字的丰字：一竖贯通三横。三横指天、地、人三才，即世界；一竖是一种贯穿天、地、人的，使天、地、人等万事万物都遵循的根本规律，即天道。可见，在宇宙一切法则之中，善是一切的根本基点。从"口"：可以理解为说，引申为评价，舆论。俗话说，人言可畏，祸从口出，等等。平时说话时，或媒体报道中，在评价别人和制造舆论的时候都应该中正，怀有慈善的心，善意地理解别人，否则，伤及别人的结果必然是害人害己。综上所述，这便是善的伟大：它是至尊又温暖的宇宙根本规律——天、地、人共同遵循；它是慈悲又洪大的能量——使万事万物生生不息。这样的解释可能有些牵强附会，但它也无不反映了我们民族的哲学和伦理思想。从形象的直观中，它透露了我们先民对社会伦理及社会和谐的追求。总之，如果汉字是民族文化的承载，从字的解释不难看出，所谓的"善"，是以人为核心的——凡是对人有益的就叫作善，起源于日常和物质生活，而最终为精神追求。

人心是向善的，善是人们的永恒追求和最高目的，善是人文思想的核心。人们耳熟能详的儿童启蒙读物《三字经》的开篇就是"人之初、性本善"。但对"善"作为一种哲学、伦理观念，其来历人们不一定清楚。在群雄逐鹿的战国时代，就有关于人性善、人性恶的争论。其中以孟子的"人性善"影响最大，并构成他"天人相通"的极高境界和"仁政"政治理想这两大主题的基础。就是说，孟子的性善论，不是专门为理解人性的特点而立论的，而是为实现他的政治主张服务的。《孟子·公孙丑》中说："人皆有不忍之心。先王有不忍之心，斯有不忍之政矣。""不忍之政"即"仁政"，"人皆有不忍之心"即是说人性皆善。为什么说"人皆有不忍之心"呢？孟子说，如果人们看见小孩子掉到了井里，不论是谁，都会发出呼叫之声，进行施救。这里他绝不是想和掉在井里的孩子的父亲拉关系，也不是为了在乡里邻居面前显扬自己的好名声，更不是为了讨好掉到井里的孩子，而是因为人有恻隐之心。"恻隐之心，仁之端也；羞恶之心，义之端也；辞让之心，礼之端也；是非之心，智之端也。""仁义礼智"是四种常德，这里孟子称为"四端"，他认为这些都是人性中固有的，并不是外力灌输的，这是他关于人性善的基本观点。而荀子从当时的社会情况出发，提出了和孟子相反的观点，他主张"人性恶"。他反对孟子宣扬的天赋道德观念的性善论，提出了与之对立的性恶论。首先，他界定了"善""恶"的含义。他认为所说的"善"就是符合封建的道德规范，所谓的"恶"就是犯上作乱，破坏封建统治秩序。他认为这种"善"在人的本性中是没有的，人不可能一生下来就知道封建道德，从而遵守它。相反，人生来就是好利、自私、嫉妒的，人的本性是"恶"的。荀子在《性恶》中说："人之性恶，其善者伪也。"人的本性是恶的，那些善都是人为的。我们且不论他们孰是孰非，我们要说的是，孟子所提出的"人性善"和孔子所谓的"仁"是一脉相传的。孔子是儒家的创始人，其思想核心是"仁"。作为被后人冠以"仁学"的一种思想，它其实超越了道德思想和政治思想的范畴，成了一种更具普遍意义的人生哲学或人道之学。他的仁学思想的重心是探索人生原则的确立、人生目标的选择和人际关系的和谐。他的仁学思想奠定了中国古代以人为主体的人文思想基础，并且对中国社会产生了十分深远的影响。具体什么是"仁"呢？孔子说"仁者仁也""仁者爱人"。也就是说他的"仁学"思想的核心反映的是人的本质，或者说是做人的道理。那么，这个本质和道理应该是什么呢？就是爱人，即人应该有一颗"泛爱众"的善心，相互之间相亲相爱，而不是相互杀戮。所以说，"仁"，原本指对人亲善或持有一种同情心，在孔子那里被发挥成了一种学说、一种哲学观。孔子的思想，可以说是以"仁"为内容，以"礼"为形式，以"中庸"为准则，所以也被称为"仁学"。他还说，"己欲立而立人，己欲达而达人"。孔子强调，自己想要有所成就，也要帮助他人有所成就，自己想要通达明晓事理，也要帮助他人通达明晓事理。一个有仁德的人，一个具有善心的人，应该关注他人的价值，关心他人的生存与发展，与他人一起实现人生价值，共同生存和发展。孔子思想所体现的个人道德修为和社会责任意识应该继续成为我们修炼美好人性的追求。后来孟子所说的"亲亲而仁民，仁民而爱物"，以及"人不独亲其亲，不独子其子""老吾老以及人之老，幼吾幼以及人之幼"等，都是这种仁善思想的泛化。当然这种"善"文化，在长期的历史发展中融入了其他文化因素，比如佛教因素等，可以说，我国的善文化是十分发达的。当然善文化的核心是大爱，而其高远的追求，正是通过这种善、这种大爱，而达到社会的和谐，人的生命的澄明，人的心境的风光霁月，所以说求善、向善、行善同样是对自己生命的成全。

我们探讨了"礼"和"善"的来历，那么"礼善"之间有什么关系呢？如果我们把孔子的"仁"看作仁德的话，它体现的本质则是"善"。为什么如此说？从以上分析中，我们可知"礼"的核心是规范，而规范本身会促进社会群体按照一定的规矩行事、做事，按照一定的规矩做事，会促进群体和社会的大和谐，这种和谐本身就会给人带来益处，带来益处那么显然则是"善"。比如，我们今天为什么强调社会的稳定，因为社会稳定就会给社会的发展带来益处，会带来益处那么则是"善"的，就是会促进社会发展与和谐的。根据这样的分析，我们就可以把"仁"和"礼"、"善"和"礼"做一下置换，就是说"仁"和"礼"与"善"和"礼"虽然不是同义的，但它们的意义是十分接近的。只不过善是自觉的，是自己内心愿意为之的言行。但有时和仁一样，是用礼来规范进行引导和约束的。孔子便有"非礼勿视、非礼勿听、非礼勿言、非礼勿动"的说法，其意义就是通过社会制度和道德的约束，而达到"仁"或者说"善"。我们说"人"是社会的人，人之所以为人的所有需要都是社会的。所谓"人性"是"人"之所以为人的社会需要的概括。人是脱胎于自然的社会存在，他有和动物一样的生存需要，也有和动物一样的繁衍后代的生理需要；但人作为社会的存在，还有人之所以为人的独特的需要。人是高级动物，其生存需要和生理需要是要经过社会的洗礼也就是"礼"的要求、规范而升华、打上了人类历史文化的烙印的，从这个角度说，人是经过文化的塑造而成的人，因此也必须受社会文化的制约。这种制约无疑就是社会的规范和社会道德，也就是我所说的"礼"。当人们自觉地遵守社会的礼节，社会共同遵守的制度，那么社会就会安定，社会就会走向和谐。从这种意义上来说，遵规守礼也是"善"的；而以自己的行为使得社会不安，使得民不聊生，是恶的、不善的。遵礼为善，逆礼为恶，遵礼为仁，逆礼为不仁，礼和善相辅相成。有了"礼"，在家便敬(孝)父母，出门便敬(悌)兄长，才能把"仁"这种主观理想的精神境界，推己及人，由家庭推广到社会，才能"泛爱众"。并且，"其为人也孝悌，而好犯上者鲜矣"。"克己复礼，天下归仁焉"，"己所不欲，勿施于人"，"复礼"的前提，是"克己"，是修炼自己的品德，是"修身、齐家、治国、平天下"，只有克制自己的欲望、贪念，用"礼"来约束自己的言行，使社会安定、和谐，才能达到"归仁"的境界，才是善的。这也就是"礼"和"善"的关系。

　　当然，礼和善是以道德为支点的，倡导的是一种以生命契合为主要特征的人际伦理，追求一种以社会和谐为主要价值取向的社会政治秩序。"礼善"只有遵礼才能至善，只有遵礼才能达善；而善是礼的最高追求，两者是相辅相成的一种关系。社会的和谐发展，就是礼善两种力量交替作用的结果。

深刻地思考，善有不同的层次。如果从利己与利他的角度来分，可以将"善"分为以下三个层次：一是利己与利他的统一，二是纯粹利他，三是纯粹利己。这一分类，只关涉"纯粹"的有利于主体的行为，而不关涉有害于主体的情况。对此，学者王海明有较为精辟的论述，他首先指出，什么是善的，他认为，符合道德终极标准"增加全社会和每个人的利益总量"，是道德的、应该的、善的。① 这是较新的视角。其后又得出结论：无私利他的正道德价值最高，是伦理行为最高境界的应该如何，是道德最高原则，是善的最高原则，是至善；单纯利己的道德价值最低，是伦理行为最低境界的应该如何，是道德最低原则，是善的最低原则，是最低的善；为己利他是利他与利己的混合境界，所以其道德价值便介于无私利他与单纯利己之间，是伦理行为基本境界的应该如何，是道德的基本原则，是善的基本原则，是基本的善。②在这里，他把"善"分为至善、最低的善、基本的善。至善是无私的、利他的；低层次的善是单纯利己的；基本的善是为己利他的。这里所说的善及其分类是"纯粹"的有利于主体的行为，而不关涉有害于主体的情况。就是说，这种分法只是涉及行为者自己，而不涉及他人。看起来这个问题比较复杂，我们在下面的问题论述中还将涉及，现在只是提出引发我们思考。

总之，"礼善"是相互联系，相辅相成的，没有对礼的遵守，就不会做善事、成善果；没有求善、达善的追求，就不会有对礼的遵守，对规则的执行。社会的和谐发展，就是礼善两种力量交替作用的结果。而"礼善"从本质上来看，就是一种道德。

二、"礼善"的现代意蕴 >>>>>>>>

在对"礼善"文化进行追根溯源并指出其关系后，我们得出"礼善"就

---

① 王海明：《论善》，载《中国医学伦理学》，2008(5)。
② 王海明：《论善》，载《中国医学伦理学》，2008(5)。

是一种道德的结论，那么，它具有什么样的现代意蕴呢？

我们先从日常的感受说起。人们在交往过程中，总有一些秘密需要封存，如果你有一个秘密或由于内容重要，或由于对别人可能造成伤害，但你有一个好朋友，知道了你的秘密，他或为了自身的利益，或为了破坏你的计划，故意把你的秘密公布于众，我们就会说他是不道德的，因为他违背了交往中尊重保密的原则；有两个亲兄弟，他们都是商人，由于资金周转不过来，大哥向弟弟借了 30 万元，并承诺一年后还钱，但到时间后大哥由于其他事情，资金抽不出来，当时，由于是亲兄弟，所以诚实的弟弟，也没有让大哥履行借款手续，但期限已到，大哥不仅不还钱，还对借钱的事情支支吾吾不想承认，那么，显然大哥是不道德的，因为他不仅违背了诚信原则，并且还想欺骗；老师走在学校的大道上，看见操场上有两个学生在打架，但是他认为不是自己班级的学生，就装作没有看见，两个学生因此受了伤，我们认为，作为老师他是不道德的，因为他忘记了老师应有的职责；等等。在我们周围，总有一些人或耍小聪明，或损人利己，或坑蒙拐骗，或告密栽赃，或欺软怕硬，或欺小虐老，我们认为这样的人就是不道德的。由此可知，所谓的不道德，就是对人们所坚守的比如诚信、公平、正义、责任等原则规范的违背；而道德就是对诚信、公平、正义、责任等原则规范的遵循和坚守。正如张岱年所说：道德乃是基于社会生活条件而产生的行为规范。在群体内，为满足群体之需要，各分子的行动必受一定的制约，必须作一定的行动，久之遂成为行为的规范，并被尊崇而具有普遍的约束力。[①] 而诚信、公平、正义、责任都是"礼善"的现代体现，因为"礼"中有信、有义；"善"中有公、有责。而根据上面的分析，"礼善"又是相互依存的。

作为"礼善"所体现的"道德"，在中国哲学中有着独特的地位，它是做人的基础。百行以德为首，立身一败，万事瓦裂。在我国古代，人们把道德视为国家之根本。道家的经典著作《道德经》，它是一篇阐述"宇宙生命整体"的文章，通俗地说，就是揭示人类宇宙一切的"本来"，一切的"根"。"宇宙生命整体"是什么呢？我们打个比方，一朵花是一个"生命的个体"，我们每一个人也是一个"生命的个体"，宇宙自然中千千万万的事物都是一个个"生命的个体"，而汇集起所有"生命的个体"的"整体"就是

建构以"礼善"为核心的德育体系

---

① 转引自《人生哲学宝库》，940 页，北京，中国广播电视出版社，1996。

"宇宙生命整体"。这是一种高远的哲学，所以它成为"道"。何为"道"？老子在《道德经》的开篇是这样说的："道可道也，非恒道也。名可名也，非恒名也。无名，天地之始。有名，万物之母。故恒无欲也，以观其眇。恒有欲也，以观其徼。两者同出，异名同谓。玄之又玄，众眇之门。"老子认为宇宙天地万事万物形成的基本过程是："道"先天地而生，是独立存在而不改的，然后从无到有，道生天地，天地生万物，而且天地及其万物俱有"从无到有，生化不息，又总归于无"的基本规律。他认为"道"是先天地而生，独立存在而不会改变的，具有广大无边、周流不息的特性，等等。老子将这个"道"的能量所展现开来的"表现特征"取名为"德"。"道德"之"德"通俗地说，就是人们的行为只要归顺"道"的特征的"表现"就是"德"。它是规律、规则，是天地万物的根。它无处不在、无所不有。如果用我们今天常说的道德决定一切，或人格决定一切来印证一下老子所说的"道"，似乎就豁然开朗了。

我国古代道德主要涵盖道、义、礼、仁四个方面。《吴子·图国》中写道："圣人绥(安抚)之以道，理之以义，动之以礼，抚(抚爱)之以仁。此四德者，修之则兴，废止则衰。"这四个方面现在看来还是比较全面的，不过随着社会的发展，道德的内容也是不断变化和丰富的，其强调点也是不一样的。"立德树人"无疑是我们教育的总指向、总要求，而社会主义核心价值观，无疑是我们今天道德教育的重要内容，我们强调"礼善"其根本目的，就是为更好地完成"立德树人"的使命。

在我们的日常教学中，由于应试教育的影响，有一种重智轻德的现象，这从根本上是违反"礼善"原则的。其实德育和智育本应该是一体的。它们的关系应该是：德育主导智育，德育促进智育，智育承载德育，智育融合德育，从而使两者之间相互依存，相互促进，共同发展。德育主导智育，是说智育最终目的是为人的修养品德服务的，因为德育的核心是培养什么样的人、所培养的人为谁服务的问题。无数事实证明，历史上的大贤与大奸，他们最终的分野往往不是才能的大小，而在品德之高下。所以古人才有"才者，德之资也；德者，才之帅也"的说法。有才智没有德性是没有灵魂的人，道德是做人的根本，没有道德的人，学问本领愈大，其危害也愈大。在德育与智育的关系中，德育是灵魂、是方向、是首位，德育对智育起着主导作用。德育不仅对智育起主导作用，还起促进的作用。教育的实践使我们充分体会到，不少时候学生的智力问题，其本质上是品德问题，说白了也是"礼善"问题。当一个学生的学习没有了积极性的时候，当学生没有正确的学习价值观的时候，当学生没有生活的意志力的时候，想让他好好学习，提高学习成绩那是不可能的事。我们说正确的世界观、人生观、价值观是学生成才的思想基础，是学生找准人生方向的保证，它为学生智育的发展提供动力源泉和精神支柱。德育解决的是"为什么学"的问题，是关乎目标、理想、追求的问题，这些问题解决好了，学生的智力发展就会获得强大的精神动力。当然，良好的品德本身就是一种动力因素，其情感、意志、欲望、兴趣、信仰对学习本身就有极大的促进作用。好的道德观念、道德信念、道德情感、道德意志、道德习惯，正是学生形成非智力因素的基石。所以，先成人后成才的道理就在这里，我们追求的"礼善"新境界也在这里。

第三章

"礼善"与核心素养

当我们弄清"礼善"的文化渊源和现代意蕴以后，其与核心素养的关系，也是我们要论述的问题。

核心素养接轨于世界教育的发展，根植于中国传统文化，回应中国现代化召唤，依据我国教育实际和学生发展的需要，又从几十年改革开放、基础教育改革中萃取精华，以"全面发展的人"为核心，凝练出人文底蕴、科学精神、学会学习、健康生活、责任担当、实践创新六大素养。核心素养必将成为引领整个课改和育人模式变革的核心指南。但不能不说的是，我们对核心素养的理解还处于表面，要想使其真正成为我校德育工作的指南、决定性因素，还必须对其进行必要的思考和研究。

一、素养与核心素养 >>>>>>>

什么是素养？素养即人们平素所具有的修养，或者说由训练和实践而获得的一种道德修养。从字源学上来看，"素"的本意是以麦秆为原料的草编工艺品或本色的生帛。对于"素"字的文化意义，张景彪在其《素养教育》一书中分析到，无论"素"字最开始，是指那个草编的物品也好，或者那匹白色的布帛也罢，它都传达出一种静静裸呈其原生本色的特质及姿态，带着这种含义组成的"素"字词语，也多用来表达一个诸多特质深处的本质、本心和本性，如素质、素养、素性、根素(根本之义)、素怀(本心)。① 素是生命所拥有的天然的本色特质，所以才有平素、朴素之

① 张景彪：《素养教育》，8～9 页，北京，清华大学出版社，2012。

说。对教育来说，"素"字便是生命所拥有的本质本色，是教育者发现、锻造及拓展孩子各种生命可能性的潜能原点。[①] 这里较为深刻地从字源学文化意义上揭示了素养对教育的意义。而"养"的本意是放牧羊群，引申为照顾、抚育，培植花木，或饲养动物，修炼、调护身体等。也就是"养"字从挥鞭开始，甲骨文左边是"羊"，右边是手持鞭子的形状，逐渐演变为一个持久关照生命的历程。"养"本身就是一个过程，对生命持续关怀的过程。"养"字，不仅仅是最开始古人手中高高扬起的牧鞭，不仅是那一把喂向牲畜的牧草，更是一段持久的关照与付出，是一段长远的生命之路。[②] 从以上分析可知，素养就是经过人的培育、养护所具有的修养。如果说素质是先天的，那么，素养则是后天培养、修炼而成的一种精神特质。正如余文森所说：素养是一个人的"精神长相"，一个人的"人格"，我们平常也多在道德意义上使用人格这个概念。我们说一个人的人格有问题或缺陷，指的就是这个人道德品质有问题，也就是个人素养有问题。"核心素养"指的就是那些一经习得便与个体生活、生命不可剥离的，并且具有较高稳定性，有可能伴随一生的素养。[③]

既然素养和生命具有不可剥离性，其核心素养对人成长的终极意义也就清楚了，正因如此，核心素养才定义为：学生在接受相应学段的教育过程中，逐步形成的适应个人终生发展和社会发展需要的必备品格和关键能力。它是关于学生知识、技能、情感、态度、价值观等方面的结合体；它指向过程，关注学生在其培养过程中的体悟，而非结果导向；同时，核心素养具有稳定性、开发性与发展性，是一个伴随终身可持续发展、与时俱进的动态化过程，是个体能够适应未来社会、促进终身学习、实现全面发展的基本保障。核心素养不仅能够促进个体发展，同时也有助于形成良好的社会。[④] 这里既对核心素养进行了界定，也指出了它的特点和意义。对这一论述我们应注意从以下几个方面来理解。

第一，"学生在接受相应学段的教育过程中"，这句话显然指出了"核心素养"形成的前提，是"接受相应学段的教育"，这里强调了核心素养形

① 张景彪：《素养教育》，10页，北京，清华大学出版社，2012。
② 张景彪：《素养教育》，12页，北京，清华大学出版社，2012。
③ 余文森：《核心素养导向的课堂教学》，6页，上海，上海教育出版社，2017。
④ 林崇德：《21世纪学生发展核心素养研究》，29～30页，北京，北京师范大学出版社，2016。

建构以「礼善」为核心的德育体系

成过程中教育的作用，而教育是分阶段的，每一个学段其核心素养的要求应该是不同的。核心素养是一个动态的结构，一个逐步提升的过程。比如"科学精神"这项核心素养所分解出的"理性思维""批判质疑""勇于探究"三个基本要点，很显然，其在小学和初中、高中的要求应该是不同的。第二，"逐步形成"是说核心素养的提升，是一个逐步积累、逐步沉淀的过程。它不可能超越学习的不同阶段，不可能一步到位，有时候是需要经过反复的实践才能达到的。第三，"个人终生发展和社会发展需要"，是说核心素养的效力，它对人的发展的作用不是一时的，而是持续不断的，是保持终生的。一个人经过持续不断的学习，其核心素养形成后，就会有终生的效力，终生的作用，不管社会发生什么样的变化，具有什么样的形态，只要你具备了核心素养的要素，你就能适应发展，它对于一个人来说，是永远不过时，永远具有效用的。第四，"必备品格和关键能力"，首先说"必备"，是必须有的，它具有基础性、长久性、不可或缺性，"品格"即品性、性格，是一个人的基本素质，它决定了这个人回应人生处境的模式。对于这个问题，余文森教授在其著作中比较详细地进行了阐述。我们说品格对一个人发展具有决定性的作用，没有伟大的品格，就没有伟大的人，甚至没有伟大的艺术家，伟大的行动者。余文森老师认为人必备的三种核心品格是：表现在人与自我关系上的自律（自制）、表现在人与他人关系上的尊重（公德）、表现在人与事情关系上的认真（责任）。[1] 也就是说，人生发展的三种核心品格，从自己与自己、自己与他人、自己与事情中显现出来，也就决定了它的基础性、关键性、必备性。在论述"关键能力"时他指出：我们从学习过程（认知加工）的角度，把学生的学习能力分为阅读能力（输入）、思考能力（加工）和表达能力（输出）三种。这三种能力是学生学习的基本能力、核心能力，具有基础性、生长性、共同性、关键性的特征，其他能力如创新能力、研究能力、设计能力、策划能力等都是建立在其上的。这三种能力是人生走向成功的基石。[2] 余老师对"关键品格""关键能力"的界定是比较概括和简明的，也是比较切合实际的。而对于它的分析，成尚荣是以综合的方式进行阐述的。他指出："必备品格与关键能力"是个具有张力的结构，能

---

① 余文森：《核心素养导向的课堂教学》，25页，上海，上海教育出版社，2017。
② 余文森：《核心素养导向的课堂教学》，18页，上海，上海教育出版社，2017。

力需要道德品格的价值判断和引领，道德品格也需要能力的支撑。这一结构的实质是落实"立德树人"的根本任务。"必备品格与关键能力"指向人的发展，指向道德品格为导向的学生核心素养的培育和发展。这一表达具有中国特色，是中国智慧的生动体现。基于核心素养的道德价值再认识，一定要以知行统一、学思结合为原则，促进必备品格与关键能力的提升。① 这里显然是从"品格""能力"的关系和作用着眼进行论述的，但是，对于我们教师的理解来说，余文森老师的论述似乎更好把握。

总之，素养是一个人的综合修养，核心素养是关于学生知识、技能、情感、态度、价值观等多方面的综合表现，是每一名学生获得成功生活、适应个人终生发展和社会发展都需要的、不可或缺的共同素养。它是关键品格和能力互动的一种具有张力的结构，是一个人能满足未来自身发展和社会需要的基础性、根基性、生成性的品格和能力。

二、"礼善"与核心素养 >>>>>>>>

"核心素养"分为文化基础、自主发展、社会参与三个方面，综合表现为人文底蕴、科学精神、学会学习、健康生活、责任担当、实践创新六大要素。从这一框架的设计来看，它的核心问题还是育人，它要求根据这一框架，经过课程建设、新方法的实施，完成"立德树人"这一历史使命。

进一步说"核心素养"的"核心"是育人，人是一切价值的尺度。培养具有人文底蕴、科学精神、学会学习、健康生活、责任担当、实践创新，这些"关键品格和能力"的人，是"核心素养"所指向的根本任务。从"核心素养"的六大要素来看，除了"学会学习"似乎是属技能方面的问题以外，其他五个方面都涉及人的品格，即道德问题。其实，即使"学习"也不可能仅仅是技能的问题，因为任何技能的形成都是由人的品格作为支撑的。也就是对学生"关键品格和关键能力"的培养，其实就是对人的道德品质的培养，"核心素养"其本质就是培养学生具备自身未来成长和社会发展需要的关键的道德品质和人格。品格和能力密不可分，品格是能力形成的基础，能力是品格的呈现。就如成尚荣所言：能力不能脱离道德品格

---

① 成尚荣：《必备品格与关键能力——对道德价值的再认识》，载《中国德育》，2017(4)。

存在，能力必须在一个完整的道德品格与能力的结构中发挥作用。从表层看，能力是可观察、可测量的，是冰山裸露在水面上的那部分；从深层看，情感、态度、价值观则沉潜在水的下面，不易发现，而且很容易被忽略。不易发现，绝不意味着它不存在，也绝不意味着它不发挥作用。"冰山模型"明确无误地告诉我们，能力与道德品格是一个整体，是一个相互依存的完整结构，只重能力不重道德品格是不可能的，丢弃道德品格，其后果必然影响学生核心素养的培育和发展。[①] 人的一切都归一于人的道德，从这个意义上来说，学校德育工作，必须从更宽的视野，从"核心素养"培养的角度重新确立其中心任务。"德育是一切教育的根本，是教育内容的生命所在"，"德育工作是整个教育工作的基础"。在以"核心素养""立德树人"为总指向的情况下，学校德育工作，必须强化其在学校教育工作中的中心地位。

首先，我们要重新审视"德育"的作用。在我们以往的工作中，学校德育有窄化的现象，就是说我们所说的德育无非是做好学生的思想工作，使学生爱学习、遵守纪律，再深入一点就是加上理想教育、生涯规划等。其实学校德育是一个思想系统、理论系统、情感系统、实践系统。德育是培养学生成为什么人的大问题，是学生未来能不能成为对社会有用的人，生活能不能幸福的大问题。正如朱小蔓在《情感德育论》序言中所说：德育就是要把人引向幸福，引向希望。一个人最终能够把握幸福和希望之路，要靠自己的德性。一个有德性的人，别人和社会总会需要他，也只有当别人和社会需要他时，他的身上才会放射出吸引人的力量和人生价值的光芒。[②] 而在德育的内容中，我们认为其价值观的培养是德育的中心，是学生做什么人，成就什么事业的定海神针。

关于培养青年学生成为什么人的问题，1980 年 5 月 26 日，邓小平给《中国少年报》和《辅导员》杂志的题词中指出"希望全国的小朋友，立志做有理想、有道德、有文化、有纪律的人，立志为人民作贡献，为祖国作贡献，为人类作贡献"[③]，即要求青年学生要做"四有"新人。这是国家对公民的基本要求，也是提高整个中华民族的思想道德素质和科学文化素质的基本内容。任何一个民族、任何一个国家的人民都有自己的素质。

① 成尚荣：《核心素养的中国表达》，36 页，上海，华东师范大学出版社，2018。

② 朱小蔓：《情感德育论》，序言 4 页，北京，人民教育出版社。

③ 《当代青年的历史使命》，载《人民日报》，1982-05-04。

这种素质的好坏，决定着一个民族、一个国家的成就和进步。因此，要实现社会主义现代化，就要培养一代有理想、有道德、有文化、有纪律的人才，推进现代化建设。"四有"是一个整体，缺一不可，其中的理想和纪律特别重要。我们这个地大物博、人口众多的国家，靠理想、靠纪律组织起来才有力量。否则，就会像一盘散沙，不仅革命和建设不会成功，还会遭人宰割。2015 年 7 月 24 日，全国青联十二届全委会和全国学联二十六大在北京举行，习近平在写给大会的贺信中提出：当代中国青年要在感悟时代、紧跟时代中珍惜韶华，自觉按照党和人民的要求锤炼自己、提高自己，做到志存高远、德才并重、情理兼修、勇于开拓，在火热的青春中放飞人生梦想，在拼搏的青春中成就事业华章。"志存高远、德才并重、情理兼修、勇于开拓"这十六字是对新时代青年学生的新要求。2014 年 5 月 4 日，习近平在北京大学同师生代表座谈时，对当代大学生提出"勤学、修德、明辨、笃实"的"八字真经"。从"十六字诀"到"八字真经"，习近平对当代年轻人的期许，也是我们德育工作的主要内容。我校根据学校发展、时代要求，以社会主义核心价值观为指针，联系核心素养的培养，同样提出了我们的德育目标：把学生培养成为行有礼、心存善、懂感恩、会学习、敢担当、人格健全，具有厚实文化底蕴、科学精神、国际视野、"适应个人终身发展和社会发展需要的必备品格和关键能力"的现代人。育人目标是在充分认识到德育育人功能的基础上产生的，它来源于我们对德育文化的把握，以及我们宽阔的教育视野，力争在"集东西教育之长"的理念下，通过教育实践重塑学生的生命德性。

其次，要重视传统文化的价值意义。核心素养其根基是传统文化，正如成尚荣所说的那样，核心素养中的必备品格和能力体现了中国优秀文化的伦理道德的底色与本色。其中中华优秀传统文化的底色和本色是伦理道德文化。"必备品格""关键能力"的完整表达，彰显的是中国智慧，标志着文化上的回归与进步。这是中国教育的一种自信。[1] 中国文化其实质是"伦理道德"文化，其核心就是怎样做人，怎样处理好自己和自己、自己和他人、自己和自然社会的关系。比如，始终贯穿如一的"为公""忠义"的道德精神：《诗经》提出了的"夙夜在公"的思想，《尚书·周官》提出的"以公灭私民其允怀"，王夫之的"以身任天下"，孙中山的"天下为公"

① 成尚荣：《核心素养的中国表达》，37 页，上海，华东师范大学出版社，2018。

"替众人服务"，都奔涌着"国而忘家，公而忘私"，为国家、民族而献身的家国情怀。也正是在重视整体精神的大背景下，出现了"先天下之忧而忧，后天下之乐而乐""天下兴亡，匹夫有责"的为国家、为民族、为整体的利益不息奋斗的崇高的爱国主义精神和价值取向。再者，传统道德在个人与他人、社会、群体的关系问题上，始终强调"舍己为人""先人后己""舍己为公""舍生取义"。在"义"与"利"的关系上，把整体利益的"义"，放在个人利益的"利"之上，强调"义以为上""先义后利""义然后取"，主张"见得思义""见利思义"，反对"见利忘义"。主张在个人利益与整体利益发生矛盾冲突时，应以义为重，以国家、民族之大义为先，牺牲个人的私利。正因如此，我们才逐渐实现了由站起来，到富起来、强起来的目标，我们坚定地走"共同富裕"之路，正是这种道德精神的体现。还有传统伦理道德中，以儒家为代表的"仁爱"思想，是一种对于协调人际关系具有积极意义的重要道德、人文精神。"仁爱"既是一种人际关系的道德准则，又是建立和谐的人际关系的重要道德智慧。孔子说"仁者爱人"，"己所不欲，勿施于人"，"夫仁者，己欲立而立人，己欲达而达人"。人在行事中要做到"仁"，还应当做到"恭""宽""信""敏""惠"等。我们知道，所谓道德即是要求人们在考虑自身利益的同时，考虑到他人与社会的利益。道德的总体指向是培养人向善、为善。中国传统的"仁爱"思想，即是要求人们替别人着想，同情人，敬重人，相信人，关心人，帮助人，待人以诚，施人以惠。这是一种十分可贵的道德精神。我们学校的校风为关心他人，充实自己；教风为以礼率行，以善塑魂。这正是民族文化精神的体现，也是我们德育的重要内容。

再次，要重视实践的塑造作用。德育既是一种引导学生认知自己和世界的过程，更是一种实践的过程。实践具有一种综合的效应，它既是对道德思想的巩固，又是对道德领域的动态开掘，德育只有经过实践才能内化为所谓"灵魂"的东西。况且，人是一种文化的存在物，人只有在实践中才能体会到社会的需要，也才能在自己与他人、与社会的互动中夯实自己的道德信念，矫正自己的道德行为，从而在实践中把自己锻造成为一个真正的人。"知者行之始，行者知之成"是明代思想家王阳明的观点。实践出真知，其中的"实践"指的是行动，其中的"真知"指的是能力，也指人的品格。无论是道德品格的养成，还是能力的提高，都离不开"行"，离不开实践。实践对核心素养的形成起一种非常关键的作用。

当下，不少德育处于一种"坐而论道"有名无实的状态之下，有理念没有要求，有要求没有行动，把德育的过程仅仅看作是对学生施加外部道德影响的过程，而所施加的道德影响又主要是为社会所认可的既定的道德规范，强调的是学生符合规范的行为习惯的养成。这样的德育过程也就是科尔伯格等人所批判过的用刻板的灌输、管理、训练等方法，强制儿童遵守从各种既定规范的"美德袋"式的"传统道德教育"①，学生没有实践的深刻体验，没有在实践中形成的思想情感冲突，道德教育总是无力的。因此，在德育中重视道德实践的塑造功能，是德育的一个基本路向。我校十分重视实践德育的作用，其表现为建立了多个"道德实践"基地，组织学生参加多项公益性的志愿服务活动，开展科技服务、义务帮扶等活动。这样做，既让学生深切体会到社会对他们所言所行的尊重，对他们成长的期望，又培养了学生的社会责任感，为他们的未来找准事业的落脚点，提升社会的认同感，把自己与社会发展和需要联系起来，形成努力学习、勇于担当、诚实友爱、甘于奉献的精神风貌，促进优秀道德的形成。经过几年的实践，我们提出"行走德育"的概念，其实"行走"就是一种实践，为落实这一德育思想，我们和社会各界结合，形成有效的道德实践网络，我们把有教育意义的社会生活纳入学校的德育场域，形成立体多元的"大德育"结构。比如，在落实"行走德育"的过程中，我们以宁波为中心，向浙江和全国各个文化基地延伸，每年寒暑假都要组织学生参加"行走德育"的系列社会实践及研学活动；再比如，去年暑期我们便组织学生从宁波出发，沿京杭大运河进行文化考察。通过这次"行走"，学生既了解了中国文化，又开阔了视野，丰富了生命体验，增强了民族文化自信。丰富的实践活动，便是一种无言的道德教育，学生在参观、研究、思考中逐步形成良好的思想品质。

最后，要把握课程开发的正确方向。任何教育如果没有课程的支撑，都是临时的、低效的。因此，注重德育课程的开发便是进行有效德育的不二选择。现代系统论告诉我们，德育是一个包含了社会、家庭、学校等多要素、多层面的大系统。由于我们对德育性质认识的模糊，德育工作往往出现"头疼医头脚疼医脚"的状况，德育的效果也不明显。如果我们能从课程建构入手，就能高屋建瓴、全方位地推进德育工作，就能实

---

① 鲁洁：《当代德育基本理论探讨》，94 页，南京，江苏教育出版社，2003。

现德育的根本突破。现代课程理论认为，教师不是课程的被动执行者，而是主动的开发者和积极建构者；教师不仅是教学的主体，也是校本教研的主体。新的课程改革要求教师要积极转换角色，大力开发校本课程，开发课程资源，进行校本教研活动。在德育方面，我们同样要成为德育课程的建构者，德育途径的探索者，德育资源的开发者。

因此，我校依据新的发展形势和学生发展的客观需求及学校的核心办学理念，以社会主义核心价值观为引领，坚持立德树人，以核心素养为取向，深化"礼善"文化建设，坚持内涵发展，围绕学校"承精益求精之训，集东西教育之长，行明礼致善之道，求人性教育之真"理念组织教育活动，继承"书院文化精神"，建构德育课程，传统文化课程(国学课程、书院课程)和实践活动课程"三位一体"的德育课程实施体系。在此基础上，我们十分注重隐形德育的作用，投资建设了"礼善"碑廊，立起了"浙东三贤像"，编制了各个学段的学生日常行为规范手册，制定了针对学生的各种奖励制度，强化国旗教育，开展入校、离校、毕业典礼、入团、入队、成人仪式等教育。我们还坚持"日行一善"等活动，加强学校广播、校刊、网站、公众号的建设，对接各种节日(春节、清明节、国庆)活动评选礼善大使，精心设计我校宣传窗、班级板报等。这些活动是德育的有效内容。另外，我们还进行了德育选修课建设，比如，开设"人生规划""心理健康"等课程，进行"党史教育讲座""革命传统教育""励志创业教育"等。当然，主题班会、社团活动都是德育课程建设的重要内容。

核心素养的提出，为未来教育的发展提供了正确的方向，它是教育的中心工作。核心素养成为教育界热议的话题，而据此展开的讨论林林总总，各有侧重，其中具有共识的一点是：核心素养关注的是学生终身发展，决定着国家和民族的未来。[1] 核心素养对接国际教育人才培养的观念，为我们的教育打开了广阔的理论和实践视野，核心素养的核心是"立德树人"，它对学校德育提出了新的更高要求。德育的核心是培养具有良好品格的人，而要落实以核心素养为指针的德育，我们必须重新把握德育的要义，重视传统文化在德育中的作用，重视教育实践和德育课程建设，只有这样核心素养才能在学校德育中落地、生根、生效。

---

[1] 汪瑞林、杜悦：《凝练学生发展核心素养　培养全面发展的人》，载《中国教育报》，2016-09-14。

第四章

"礼善"与精神支柱

当我们分析完"礼善"及核心素养的关系后，我们有必要对"礼善"与培养有理想的人的问题加以论述。

培养有理想的人，应是我们的道德使命，是我们应承担的责任。培养有理想的人，核心是精神支柱的培育。因此，当我们探索了德育的特征之后，接下来我们就需要对这个问题加以探讨。

一、使命与道德使命 >>>>>>>

何为使命？对此很少有标准的说法，《辞海》中有三种解释：使者所奉之命令，奉命出使之人，任务。《现代汉语词典》(第七版)的解释为：派人办事的命令，多指重大的责任。这里的解释显然过于简单，但这些定义指出了"使命"的核心，即"任务""责任"，并且是"重大"的。既然是重大的，就必须终生为它的实现而奋斗，并愿意以牺牲生命去捍卫它。使命也可以说是一种必为之奋斗的理想，它属于精神追求范畴，它是所从事的事业中升华出来的利他的动机和高尚的精神境界，它具有一定的社会责任感，能够调动一部分人和相关利益者的支持和拥护，并力求去实现。使命是人内在发展永恒的核心动力。

对于我们所从事的工作，若只是想做好，极可能是一种事业心的推动；若感到一定要做好，并且为此孜孜不倦，甚至不惜牺牲自身的利益，那就是使命感的驱动。使命感是一种强大的内驱力。孔子，一生几多磨难，他幼年丧父，中年丧妻，满腹才华不能放手施为，可谓郁郁不得志。然而他并没有因此而灰心丧气，反而带着弟子门生周游列国，置生死于度外，不遗余力地宣扬仁信礼义之道，执着于弘扬文化拯救道德的事业。为何如此？因为他有心怀天下苍生的使命感。大凡具有爱国爱民精神、追求真理的仁人志士，都具有使命感。这种使命感给了他们战胜一切的力量。孔子、孟子我们不必再说，就说被鲁迅称为"史家之绝唱，无韵之离骚"的《史记》的作者司马迁吧，我们知道司马迁由于李陵事件而遭受宫刑，对于一个知识分子来讲，这是一种奇耻大辱，他几乎想自杀。但他想到自己有一件极重要的工作没有完成，不应该死。当时他正在用全部精力准备写《史记》。司马迁的祖上好几辈都担任史官，父亲司马谈也是汉朝的太史令。司马迁十岁的时候，就跟随父亲到了长安，从小就熟读群籍。为了搜集史料，开阔眼界，他从二十岁开始，就游历多地。他到过浙江会稽，看了传说中大禹召集部落首领开会的地方；到过长沙，在汨罗江边凭吊爱国诗人屈原；他到过曲阜，考察孔子讲学的遗址；他到过汉高祖的故乡，听取沛县父老讲述刘邦起兵的情况等。这种游历考察，使司马迁获得了大量的第一手资料，又从民间语言中汲取了丰富的养料，给后来的写作打下了重要的基础。在以后，司马迁当了汉武帝的侍从官，又跟随皇帝巡行各地，还奉命到巴、蜀、昆明一带考察。司马谈死后，司马迁子承父业做了太史令，他阅读和搜集的史料就更多了。当他正准备着手写作的时候，却因为李陵辩护得罪汉武帝，下了监狱，受了刑。他痛苦地想：这是我自己的过错呀。现在受了刑，身子毁了，没有用了。但他又激励自己：从前周文王被关在羑里，写了一部《周易》；孔子周游列国的路上被困在陈蔡，后来编了一部《春秋》；屈原遭到放逐，写了《离骚》；左丘明眼睛瞎了，写了《国语》；孙膑被剜掉膝盖骨，写了《兵法》；还有《诗经》三百篇，大都是古人在心情忧愤的情况下写的。这些著作，都是作者心里有郁闷，或者理想行不通的时候，才写出来的。我为什么不利用这个时候把这部史书写好呢？否则就不能完成父亲的遗愿。于是，他把从传说中的黄帝时代开始，一直到汉武帝太始二年(公元前95年)为止的这段历史，编写成一百三十篇、五十二万字的巨大著作《史记》，假如没有一种使命感，对司马迁来说，完成这样一部富有创造性的巨著是不可想象的。使命使他产生一种"虽万被戮"也要完成著述的伟大力量。

2018年，感动中国的科学家黄大年，生前是我国著名的地球物理学家、国家深探专项装备研发项目首席科学家、国家863航空探测装备主题项目首席科学家。2009年，他放弃国外优越条件，怀着一腔爱国热情义无反顾地回到祖国，担任吉林大学地球探测科学与技术学院全职教授、博士生导师。回国几年间，他恪尽职守、不断创新、忘我拼搏、无私奉献，组织科研团队承担多项重大课题，攻克技术瓶颈，突破国外技术封锁，为深地资源探测和国防安全建设做出了突出贡献。他在生前曾立志："要将地下两公里甚至更深的空间全部探测清楚，为祖国的航空地球物理勘探事业贡献自己的力量。"并说，"振兴中华，乃我辈之责"。2017年1月8日，黄大年同志不幸因病逝世，年仅58岁。黄大年被誉为"科研疯子"，为实现伟大的中国梦而恪尽职守，他兢兢业业、任劳任怨、忘我拼搏。他以高度的责任感和使命感推动科研进展、人才培养，在我国科研事业上躬身前行。在我国从科技大国向科技强国迈进的征途中砥砺前行，他留给我们的精神财富具有强大的带动性和感召力，他以推进国家科研进步和促进国家经济发展为己任，在科研领域开疆拓土，形成了具有自主知识产权的核心技术。在他的身上，我们看到了责任、担当和使命，在这种使命的推动下，他为了祖国的科学事业，舍生忘死，义无反顾；在这种使命的推动下，他成为纯粹的、有情怀的、赤胆忠心的科学先锋。我之所以不厌其烦地举例，目的是说明使命的无穷力量。我们的使命感越强烈，对工作的激情与生活的热情也越强烈。具有强烈使命感的人，是一种自觉奋斗的人，是一种百折不挠的人，是一种任劳任怨的人，是一种坚强不屈的人。所以，人们才说使命是人或组织赖以存在的基础，它代表着人或组织存在与发展的目的、方向和奋斗目标；使命是人或组织对自身应有价值的一种判断和要求，它代表着人或组织对事业的价值取向和定位。①

我国文化是最讲使命感的，如孔子在育人上的使命是培养具有仁德精神的"谦谦君子"，孟子育人的使命是培养具有浩然正气的"大人"。而说起古代知识分子的使命，无疑是被冯友兰称为"横渠四句"北宋儒学家张载"为天地立心，为生民立命，为往圣继绝学，为万世开太平"的表述最为有名。他的意思是，知识分子要为天地确立起生生之心，为百姓指明一条共同遵行的大道，继承孔孟等圣贤所创导的儒家学问，为天下后世开辟永久太平的基业。这里说出了读书人应有的责任担当：天下、万民、圣贤之道、太平基业。2016年4月26日，习近平总书记在知识分

---

① 彭泽平、陆有铨：《论当代中国教育学者的使命》，载《华东师范大学学报》，2007(4)。

子、劳动模范、青年代表座谈会上的讲话中指出，我国知识分子历来有浓厚的家国情怀，有强烈的社会责任感，"修身齐家治国平天下"、"为天地立心、为生民立命、为往圣继绝学、为万世开太平"、"先天下之忧而忧，后天下之乐而乐"，这些思想为一代又一代知识分子所尊崇。5月17日，他在哲学社会科学工作座谈会上的讲话中又指出，自古以来，我国知识分子就有"为天地立心，为生民立命，为往圣继绝学，为万世开太平"的志向和传统，一切有理想、有抱负的哲学社会科学工作者都应该立时代之潮头、通古今之变化、发思想之先声，积极为党和人民述学立论、建言献策，担负起历史赋予的光荣使命。所以说，使命是愿意成就一番事业的人须臾不离的精神支撑。

既然使命如此重要，那么，道德使命又是什么呢？从文义上讲，如果使命是重大的任务和责任，那么，道德使命就是说，既然你有了这种责任，你就必须做好、做实、做出效果。道德是启人向善的，是给人以希望的，从这个意义上说，你完成了这样的任务与责任，就是道德的，而没有完成这样的任务和责任则是不道德的。这样就把使命的完成提升到了道德的层次。我们有时说行为道德，或道德行为，或道德课堂都是从这样的角度考虑的。而在实际的教学、教育中，有些教师的行为堪称"德高为师、身正为范"，有些只充当了职场的谋生者而已。道德使命，就是我们这部专著的着眼点，即德育教育的"重大任务和责任"。那么，德育的"重大任务和责任"又是什么呢？笼统地说就是"立德树人"，或者说培养全面发展的人。德国哲学家康德说过，人是目的。道德哲学正是关于人的使命的哲学。他在《论优美感和崇高感》中就曾断言：人的最大的事务就是去知晓他自己在造物之中的位格，并正确地理解人之为人所应该是的样子。① 从这个意义上来说，人的使命就是人的自我规定，作为理性的存在者，人被自己的理性规定了。但另一方面，人同时是自然的存在者，而非纯粹的理性存在者，这就意味着他自身的实存不可能完全合乎理性的规定。因此，人的目的使命最终表现为依据理性的自我立法去自我完善，这正是康德所说的人最终的使命在于实现其道德的使

---

① ［德］康德：《论优美感和崇高感》，何兆武译，20页，北京，商务印书馆，2005。

命。① "人是目的"既是教育之灵根所在，又是教育之命脉所系。② 结合经典的论述，我们可以这样认为：道德使命就是培育人按照人类的普遍原则而生存。当对全人类的普遍的友善成了你的原则，而你又总是以自己的行为遵从着它的话，那时候，对困苦者的爱始终都存在着，可是它却是被置于对自己的全盘义务的真正关系这一更高的立场上的。普遍的友善乃是同情别人不幸的基础，但同时也是正义的基础。③ 这里很清晰地论述了对普遍原则遵守的道德任务。因此，我们也可以说，道德使命就是培育人按照人应有的样子来做人。但是，假如我们这样笼统地解释德育的道德使命，对实际的工作是没有任何意义的。其实，任何道德都是社会的产物，也和人性有必然的联系。因此说，深刻的道德使命，总是和社会的需求相联系的，具体到学校德育的道德使命和学校发展的目标紧紧相连。从大的方面来看，"立德树人"是德育使命的总体要求，社会主义核心价值是德育使命的具体内容。但从历史的角度，从人性善的角度来看，德育的使命还必须关注历史存续的德育内容，比如正义、仁爱、爱国、崇善等，所以说德育使命是一个比较宽泛的概念。不管怎样，学校德育要想把这些历史的、人性的、社会现实的道德要求，通过德育而落实，还必须和学校的培养目标相结合，这样德育使命既有宏观的指向、历史的继承，又有微观的要求，也只有这样德育使命才能够完成，并落到实处。

那么，我们所说的"德育使命"，即德育的重大任务和责任是什么呢？即培养学生的正义、仁爱、向善等人性品质；培养学生文明的举止，民主、法制的精神，自由、平等的意识，对公正的认知和坚守，以及爱国、敬业、诚信、友善的品格等。当然，完成这样的德育使命，还需要另一核心使命来统领。

二、"礼善"与精神支柱 >>>>>>>

改革开放 40 多年来，我国的社会主义建设实现了由温饱到小康，由

① 方博：《自由与艺术——马克思政治理论的美学之维》，载《学术月刊》，2014(9)。

② 王啸：《教育人学——当代教育学的人学路向》，213 页，南京，江苏教育出版社，2003。

③ ［德］康德：《论优美感和崇高感》，何兆武译，13 页，北京，商务印书馆，2005。

富起来到强起来的伟大转变。社会主义建设已经进入一个伟大的新时代。40多年来，伴随着改革开放，社会道德一直处于变迁和发展的过程之中。而变迁和发展的基本态势是，在取得巨大进步的同时也存在着许多问题，有的问题在个别时期、个别领域甚至非常严重，并对市场经济和社会的和谐发展带来了伤害。党的十八大以后，由于社会主义核心价值观的提出和中央"八项规定"的出台，以及大力弘扬传统文化，坚持文化自信，加上反腐力度的加大，对社会优良道德的提倡，道德滑坡的现象得以阻止，社会优良道德得以逐渐弘扬，我国的道德建设展现出光明的前景。在学校，同样由于社会氛围的变化，有些青少年丧失理想，丧失积极向上的人生价值追求；一些学生，以自我为中心，不尊重父母和教师，也不尊重同学，自私自利；更为严重的是，一些青少年自我意识偏狭，自己做一切都无所谓，以自己什么都可以做的态度来对待和处理事情。这也是学校德育中急需要解决的大问题。当然，学校绝大部分学生，他们的人生观、世界观和价值观是积极的、向上的。他们渴望获得知识，渴望成才，渴望未来为祖国做贡献，他们尊重师长，勤奋好学，奋斗意识强，他们具有良好的道德品质，是学校中的主流群体，这也是不能否定的。

面对这样的情况，应采用什么样的教育最有效呢？通过我们的观察，凡是道德缺失严重的学生，他们大都受社会不良思想的毒化严重，他们容易接受新事物，但他们更容易被人性中灰暗的意识所腐蚀、左右。当然问题的出现是有多方面原因的，包括家庭的和学校的。在研究中我们不难发现，凡是"问题生"，他们的思想中都缺乏最核心的内容，就是人生理想——这一决定人成长发展的"定海神针"和精神支柱。从这个角度来说，培养有理想的人是学校德育最重要的使命。抓住这一核心，培养正义、仁爱、向善等人性品质；培养学生文明的举止，民主、法制的精神，自由、平等的意识，对公正的认知和坚守，以及爱国、敬业、诚信、友善的品格，才能真正得以落实，"礼善"文化才能够真正形成。

其实理想教育和德育的使命紧紧相连，德育的目的是使人向善，使人有希望，而理想就是对真善美的追求，就是向着希望的目标前进。

那么，什么是理想？顾名思义，理想是理性的想象，是人们对未来的向往。古人对理想的界定是"心之所之也"，即心想要去的地方。其实理想是对现实而言的，如此，理想则是关于未来的规划、构思、憧憬或蓝图，是关于历史或社会发展趋势的反映。① 理想有着丰富的价值内涵，人们之所以要建构自己的理想并为其奋斗，是现实的矛盾和自身发展的需要。马克思指出：人们奋斗所争取的一切，都同他们的利益相关。② 也就是说理想是现实的需要，是自身生存和利益的需要，从这个角度来说，理想也就具有了历史性。中国的新民主主义革命，其理想就是推翻压在中国人民头上的三座大山，实现民族的解放，建设社会主义新中国；新中国成立后，我们的理想是解决"人民的物质需求和落后的生产力之间的矛盾"，改变一穷二白的面貌；党的十八大后中国人民的理想是追求富裕和共同富裕；党的十九大后，中国特色社会主义进入新时代，我国社会主要矛盾已经转化为人民日益增长的美好生活需要和不平衡不充分的发展之间的矛盾。而解决这一矛盾就是我们新时代的理想或者说"梦想"。有这一理想，也证明我国社会主义的发展进入了一个新的伟大时代。国家是这样，人的发展亦然。从人的发展来看，人是不断进取的并且进取是永无止境的。对于学生求学来说，在当前优质教育资源还不十分充足的情况下，幼儿园后要上一个好的小学、初中、高中、大学，或者出国留学，都是学生追求的理想；从个人发展来看，一生有一个好的工作，有一个好的收入，这也是一种理想，并且是合理的理想。这种理想也能够激发人的生命动力。但是，当理想在具有历史使命感的情况下，它还有超越性，即理想并不仅仅着眼于个人的眼前利益，它还着眼于国家、未来，它更高远、更辽阔。比如，中国人富起来了，但还要"共商共建共享"，让其他国家在中国的发展中也有"获得感"，我们要建立人类命运共同体；个人也如此，在完成自己学业的情况下，在自己的求学和发展中，在满足自己的日常需要后，人高远的理想是为社会、为人类做出自己的贡献，为建设美好的社会贡献自己的智慧，要"立德、立功、立言"。因此说，拥有高远理想的人生，才是更长远的、无止境的。正如爱因斯坦所指出的：个人的生命只有当它用来使一切有生命的东西都生活得更高尚、更优美时才有意义。生命是神圣的，也就是说它的价值最高，对于它，其他一切价值都是次一等的。③ 从这里，我们又想到理想价值的问题。

---

① 储培君等：《德育论》，271 页，福州，福建教育出版社，1997。
② 《马克思恩格斯全集》第一卷，82 页，北京，人民出版社，1960。
③ 李申伍：《爱因斯坦哲言录》，108 页，长春，吉林教育出版社，1990。

有这样一个关于理想的段子：

教师："你来说说你的理想是什么？"

小学生："吃得好，穿得好，过得好。"

教师："你的理想能不能更高些？"

小学生："吃得更好，穿得更好，过得更好。"

吃得好，穿得好，过得好，不能不说是一种理想，但这种理想的价值显然是不大的，这样的理想仅仅是为了自己，为了自己的生存。在我们的学生当中，这种情况或多或少也会有。比如，自己家经商，自己也想去经商，经商干什么，赚更多的钱。这种理想的价值，对人成长的推动作用是不会很大的，有时甚至是负面的。环顾我们身边，有些人无所事事、没有高远的人生理想，并因此感到空虚和无聊。作为一个学校，德育中培养学生树立崇高伟大的理想才是道德使命的核心，也只有培养学生树立崇高伟大的理想，理想的功能才会发挥作用，才能在人的一生中产生不竭的生命动力，才能促进学生真正的发展，进而促进社会的发展与和谐。

崇高的理想，必定是符合社会发展要求、符合社会发展规律的。在人类的理想中，人类社会发展的理想，是一切理想的统领和推动力量。同样，个人的理想只有和人类的理想结合起来，才能产生推动社会进步的巨大力量，一切逆历史潮流而动的理想必然要失败；崇高的理想，必然是为公平、正义、人类的发展、人们的幸福而努力奋斗的。一切单纯为个人小私利的所谓理想，无论是在个人发展上还是在推动社会进步上，都不可能起到多大的作用。周恩来总理正是从小就立下了"为中华崛起而读书"的崇高理想，才能在未来的人生发展中，投入拯救民族危亡的奋斗之中；马克思也是从小就立下大志，要独立地在自己的领域内进行创造，为人类的幸福而工作。纵观人类历史，古今中外大凡事业成功的人士，都是从小立志，确立崇高的理想，最终为社会做出贡献，从而实现了自己的人生目标。崇高的理想必然是和现实的发展相联系的，古语云"国家兴亡匹夫有责"，当国家需要的时候、民族需要的时候、人民需要的时候，这种需要就是理想，为这种需要而奋斗就是崇高的。中国共产党之所以伟大，就是因为他们的理想和民族的救亡图存、国家的发展、民族的振兴、人民的幸福紧密地结合了起来，所以，他们所从事的这一理想的事业是崇高的、伟大的，前无古人后无来者的。对于学校的德育来说，同学们为了自己的目标努力学习、奋斗是无可厚非的，因为这种努力是和时代的要求相合拍的；但我们的德育使命，不仅是要培养学生为自己的前途努力拼搏，更重要的是要引导学生把自己的理想和民族振兴、人民幸福结合起来，这样的理想其力量才会是持续的、不竭的。

总之，理想是崇高的希望，是前进的向导，是人们的精神支柱。一个人有了坚定正确的理想，就会以惊人的毅力和不懈的努力，成就事业，创造奇迹。古今中外多少英雄豪杰之所以能在充满困难的条件下，最终成就伟业，一个重要的原因就在于他们胸怀崇高的理想，因而具有锲而不舍的动力。与之相反，一个人如果没有崇高的理想和信念，就有可能浑浑噩噩、虚度一生，甚至腐化堕落，走上邪路。当下，学校德育其最大的缺失就是理想教育的缺失，为了学生的发展，民族的未来，学校应扭转这种局面，营造为崇高理想而奋斗的氛围。

第五章

"礼善"与生命的重建

上一章，我们论述了道德的使命和培养学生的精神支柱，但这个问题十分复杂，若要更深刻地认识道德教育的意义，还需要进一步辩证、深入地分析。

一、德育的基本问题 >>>>>>>

在我们以往的德育中，说到德育首先想到的就是对学生的管制。也就是说，德育在一般教师心中的价值，就是对学生的管理等诸如此类的问题。因此，对德育实质的认识还必须提高，有几个问题还需要我们辩证地来看待。

第一，德育到底是"管理""控制"，还是"解放""激扬"。研究学校的德育现状，我们可以从学校的"作息时间"谈起。有的学校，教学过程从早上五点半开始，到晚上十点多结束，中间学生吃饭、如厕等时间都卡得很紧，要求学生不能交流，不能转笔等；有的学校甚至安上了铁丝网，可谓严控精管。从学校管理的角度来说，对学生的管理首先是时间的管理，从中不难看出，有些学校的时间安排十分紧张，学生基本上没有自己支配的时间。当然，这样的时间安排主要是从学生学习时间的有效度上来考虑的，但也有学校对学生进行这样的安排主要是从管理角度来考虑的。也就是说，为了学生的安全、不出事，觉得在教室的时间长是比较安全的，也就是只有把学生控制的牢牢地才不会有事。学生基本没有自由活动的时间，上课有教师，自习时间有教师，在宿舍也有教师看管。在这样的学校，学生的交往基本上是在教师看管下的交往，学生交往的内容也基本上是和学习有关的内容，在这样的交往中可能也涉及帮助、合作等德育内容，但其目的是指向"智育"的。也就是说，在这样的学校其德育基本上是空白的。爱国、集体意识、责任等，都被"智育"所绑架。除了对时间的控制，还有其他的控制，比如，学生发型的同一，行动的同一，看看我们有些中小学课堂，上课也喊同一个口号，举手要同一时间，不管什么都要通过管理而达到同一。在某些领导教师的眼中，同一才安全，同一才有气势，同一才美。这样把学生统统钳制在所谓"管理""控制"之中，久而久之，学生的个性就会在这"同一"的模式中泯灭，在"同一"的要求下，失去创造力。在我们的管理中，我们总是喜欢给学生制定统一的标尺，如果学生敢越雷池一步，便加以批评，加以钳制，如教室不说话，教学区要静悄悄，不仅从要求上，而且从具体操作上加以强行管制，比如，扣分、评优、叫家长，等等，通过这样的要求与手段，而达到我们所要的"秩序"，这是一种非常可怕的现象。我们在抱怨学生缺少创造力时，不能仅仅从我们的课堂教学模式上找原因，也要从我们育人的模式上，从学生从小就被同一的要求上找原因。当我们看到有些班主任总是有"管理稍有松懈，孩子们就会出事"的心理时，当我们看到某些德育工作者总是"虎视眈眈"地注视着学生时，当我们看到学生越来越"老成"时，当我们看到很多学校的德育变得越来越简单时，我们怎能不感到阵阵揪心。① 在这简单控制的背后，是对人的忽视，是对人的生命的忽视。教育成为一种把人纳入其中的普洛克拉斯的铁床，人被削足适履地放到教育的度量结构中接受塑造。规训化教育仅仅训练人的被使用性，也就是实用性和适应性，它所生产出来的人，无论其兴趣还是品味都相当浅陋，精神相当狭隘。规训只是训练人迎合社会的性能，要求人无批判地接受外在力量为他设计好的道路，做社会形塑体制的"同谋"。规训化教育远离了培育自由的、卓越的、具有创造精神的人的理想，失去了教育生活的意义渊源和价值视野。规训化教育的最大危险就是人性的培育遭到忽视。② 这里一针见血地指出了规训化教育的危害。我们这种无所不包的管理，难道对激扬学生的创造力有帮助吗？由此，我想到我们在教育上，"全员管理，全程管理、全面管理"，其实，这是企业质

---

① 沈茂德：《关于德育观念与德育行为的追问》，载《人民教育》，2013(6)。

② 金生鈜：《规训与教化》，3页，北京，教育科学出版社，2004。

量管理的某些理念的移植，对于生产线上的产品，坚持这种"全"，坚持这种标准是有一定道理的，如果把这种看管式的模式，完全移植到教育上，用于对学生进行"无缝隙"化看管，则是荒唐不负责任的。在中美贸易纠纷中，美国对我国企业下重手，可谓是群情激愤。国家的竞争说到底是科技的竞争，是核心科技的竞争，它给我们教育的启发是，我们必须培养学生的创新、创造能力，否则，我们无疑会永处低端。而创新能力的提升，是对学生生命的激扬，是对学生创造力的解放。"教育的基本作用，似乎比任何时候都更在于保证人人享有他们为充分发挥自己的才能和尽可能牢牢掌握自己的命运而需要的思想、判断、感情和想象方面的自由。"与"解放"相对的是压抑、禁锢、灌输、奴役、摧残、践踏、束缚、钳制，这是两种向度的力量。教育即解放，意味着教育是探索，是启蒙，而不是宣传和灌输；是平等对话和自由交流，而不是指示命令；是丰富认识，而不是统一思想；是尊重和信任，而不是消极防范。[①] 国家的需要，发展的现实，竞争的残酷，已经告诉我们，我们的德育，应该把解放学生和激扬生命创造力作为我们的中心任务。一切的压抑、钳制都是对创造的阻遏。没有解放也就没有教育，更没有创造。从国家发展的角度来说，这是一个重大而严肃的问题，必须引起我们高度的重视。

第二，德育到底是"管"还是"理"，是外在施压还是内在激发。说到德育，班主任无疑起着很重要的作用。班级工作的管理，很多是德育的重要内容，比如，对学生进行做人的教育，爱国主义教育，传统礼仪的教育，等等。不过，不少学校的班级管理工作处在一种无序或随意的状态。各个学校似乎也让班主任每学年都要制订班级工作计划，但往往有名无实，因为不少学校本身对班主任的工作采取一种放任的态度，班主任由于自身的认知、学识等原因，往往也是得过且过，一般的对班级的管理其实是只"管"不"理"。说到此，我们有必要区分一下"管"和"理"的关系。"管理"顾名思义是"管"和"理"的组合。但"管"和"理"的本质是不同的，"管"是控制，是权力，是执行力，它是表面的，强制的，有时是"蛮霸"的。比如，我们经常听到教师对学生说，你必须怎样怎样，否则就怎样怎样，这就是"管"的一种特征。因为这种特征，"管"往往会造成矛盾，造成不必要的消耗，造成师生关系的紧张等。因为"管"是居高临

---

① 肖川：《教育的理想与信念》，27页，长沙，岳麓书社，2002。

下的，是我总是对的，是以我说的你必须去执行作为前提的，这里没有深入了解，没有对环境的分析判断，没有对学生个性的具体分析，更没有平等对话，所以，管有时候是无效的，是以对学生个性生命的忽视为代价的。"理"是道理，是梳理，它尊重的是规律，是对具体问题的具体分析，是对个性的尊重，它具有柔性的特点。理了才清楚，才科学，才能对症下药，才能深入灵魂而不是表面；理了才清楚，才能按照事物本来的方式去处理遇到的问题。理的获得需要学习，它是复杂的，是深入人和事物内里的；理也是理性，是科学，是分析，是追根求源，是方法的选择，它不莽撞，不冲动，它的底蕴是对事业的爱，对人的尊重和关心。在学校德育管理中，"理"应是"管"的前提，是"管"的基础。班主任和教师的管理，必须"理"在先，然后言"管"；"理"为重，"管"次之。纵观当下有些教师"管"字当先，这个必须，那个不准，清规戒律满天飞，实质上这是管理中目中无人的表现。当然我们并不是不让管，我们的"管"必须建立在"理"的前提下，必须在尊重客观事实的前提下，必须是在尊重学生个性的基础上。仅仅外部施压让学生做什么，不做什么，说穿了是德育管理上的一种懒惰。而任何有责任心的教师，在管理中都会把"管"和"理"有机地结合，将外在引导、内在驱动相结合。尊重科学，尊重规律，尊重生命和只"管"不理的行为无关。教育面对的是一个独立的、鲜活的生命体，教育的最终价值应该是提升、发展每个生命体的素质。因此，学校德育工作者应该对学生进行人格的引导、指导、培训，他追求的决不能是鉴别、分类、考核，而应该是通过润物细无声的方式，通过诲人不倦的帮助，激发每个学生对生命的珍惜，对生命价值的渴望与追求。① 这里所说的"润物细无声""诲人不倦"以及"激发""珍惜"也只有深入的"理"才能做到。德育是宏伟的育人事业，我们的着重点绝不能只限于"管"而忽视"理"，决不能局限于外在的强制，还应深入于内在的激发，要使学生燃起对美好追求的渴望，只有如此，我们的德育才会在学生的成长中发挥正向的作用。

　　第三，德育到底是树立一成不变的"标杆"，还是给学生以选择的眼光。任何时代榜样都体现了时代精神的精华，他能够激发人的内在潜力，激励人的奋斗精神。对于青少年来说，优秀的榜样有利于影响他们的人

---

　　①　沈茂德：《关于德育观念与德育行为的追问》，载《人民教育》，2013(6)。

生走向。榜样是一种时代精神和时代特征的体现，是在一定历史时期经组织认定，公众舆论认可和公共传媒广泛传播，体现时代精神和人民意愿，值得公众效仿和学习的先进典型。[①] 无数古今中外的榜样激励着一代又一代年轻人追求真理、完善人格、实现理想。榜样教育作为道德教育和理想教育中的一种教育形式，把抽象的道德和理想具体到了某个活生生的人上来，从而激励人们尤其是青少年树立起学习和奋斗的目标。榜样的力量是无穷的，给青少年提供学习的榜样是德育的重要方法之一。榜样以其形象、具体、生动的直观性与立体性特点，使德育更具可接受性与有效性。研究表明，年龄越小其榜样的作用及影响就越大，有些人就是因为从小受到榜样的影响而埋下"英雄"的种子，从而成就美好人生的。而时代赋予了榜样崇高的身影，榜样也承担了道德和理想教育的使命。许多榜样我们都耳熟能详，如雷锋、张海迪、孔繁森、李保国、黄大年等，他们崇高的精神影响了一代又一代的青少年。就如塞缪尔·斯迈尔斯在《品格的力量》中所说：对于一个伟大而善良的人看上一眼，往往也会感化那些青少年。他们会情不自禁地崇拜和爱戴他们的亲切、勇敢、真诚和宽厚。[②] 但我们不能不说的是，随着形势的变化，特别是互联网的出现，青少年的思想观念、生活方式、人生追求都发生了很大的变化。我们既要引导学生学习历史上和新中国成立后涌现出的榜样，又要引导学生学习改革开放后出现的真正的科学家、企业家、艺术家、体育明星等榜样，用正确的价值观引导他们，让他们远离功利和浮躁，从对民族贡献的角度看待榜样的价值，在继承的基础上，学会选择，在对榜样"标杆"的学习中，不断做出正确的选择，从而达到通过德育而追求真理，完善人格，纯洁心灵，实现理想的目的。

好的德育给人以精神力量，坐而论道的形式主义、不能深入学生心灵的德育是没有意义的。对于学校来讲，德育需要厘清的问题不仅仅是以上三个方面，在下面的章节我们还会涉及，下面我们谈谈构建"大德育"的问题。

① 彭怀祖、姜朝晖、成云雷：《榜样论》，8 页，北京，人民出版社，2002。

② ［英］塞缪尔·斯迈尔斯：《品格的力量》，刘曙光、宋景堂、李柏光译，71 页，北京，北京图书馆出版社，1999。

二、"礼善"与生命重建 >>>>>>>

"礼善"德育连接着人性，它是一种生命的重建。我们说人是复杂的，其实人的复杂就是人性的复杂。正如哲学家周国平所说的那样：人一半是野兽，一半是天使。由自然的眼光看，人是动物，人的身体来源于进化、遗传、繁殖，受本能支配，如同别的动物身体一样是欲望之物。由诗和宗教的眼光看，人是万物之灵，人的灵魂有神圣的来源，超越于一切自然法则，闪放精神的光华。在人身上，神性和兽性彼此纠结、混合、战斗、消长，好像发生了化学反应一样，这样产生的结果，我们称之为人性。[①] 从这里我们不难看出，人性是复杂的，周国平的论述似乎简单了些，但是，如果用非此即彼的方法来看，也是有一定道理的。神性给我们的是善和美好，兽性给我们的是恶和丑陋。而德育一个重要的任务，就是促使人们向善，展现人类的美好和希望。从这里我们可以看出，德育的任务，并不是简单地对人的行为的矫正，而指向的应是人的灵魂。

当下，我们已经进入一个全新的时代，可以说是百年不遇的社会大变局已经到来。但综合研究，当下社会存在以下道德问题：第一，社会的某些领域和某些地方道德失范，是非、善恶、美丑界限混淆，拜金主义、享乐主义、极端个人主义有所滋长。第二，见利忘义、损公肥私行为时有发生。第三，不讲信用、欺骗欺诈成为社会公害。还有以权谋私、腐化堕落现象存在。在其位不谋其政，办事推诿扯皮，没有担当等，都是道德不纯的表现。具体到我们教育部门，一些地方同样存在着教师教育失德的问题，比如，对学生管理简单粗暴，实行冷暴力，等等，这些同样也是教师道德方面的问题。从以上分析可知，德育，不是一般的教育，而是重塑民族优秀道德文化精神的教育；学校的德育，不是一般的德育，同样是重塑民族优秀道德精神的一个重要的环节。只有学校德育做好了，学生优秀道德的底子才能打得更牢，学生精神的重塑才能得到落实。那样，我们民族优秀道德才能够真正传承，人才能变得更美好，我们的社会才能向善而更有希望。正如储培君所说，德育是为青少年做人、做社会主义的合格公民打基础，也是为培养和提高学生的政治品质、

---

① 周国平：《周国平语录》，202 页，上海，上海人民出版社，2011。

思想品质打基础。① 学校德育因为对人的成长有不可替代的基础性，所以，也更重要。

以上认识从社会的视角，提出了德育的作用，因此它是现实的，但真正的德育既要着眼于现实的层面，也要着眼于其超然的一面。正如爱因斯坦所说：不管时代的潮流和社会的风尚怎样，人总是可以凭着自己的高尚品质，超越时代和社会，走自己正确的路。现在大家为了电冰箱、汽车、房子而奔波、追逐、竞争，这是我们时代的特征。但是也还有不少人，他们不追求物质的东西，他们追求理想和真理，得到内心的自由和安静。② 显然爱因斯坦在这里指出的是德育的超越性特征。我们知道，道德是以善、公正、人道、仁爱、诚信等观念调节人与人之间、群体与群体之间、个人与群体之间关系的行为规范的总和。道德规范是人类社会历史发展的结晶，它有继承和发展，随着其发展中的吸收和扬弃，最终形成人类社会中最基本的行为规范。道德虽然有阶级性因素，但不少是超越阶级的，是任何社会中都有的，对于任何人都起指导和约束作用的最普遍的行为规范。正因为如此。道德才既具有现实性又具有超越性，并在人类社会中可以发挥出巨大的积极作用。"富强、民主、文明、和谐；自由、平等、公正、法治；爱国、敬业、诚信、友善"的社会主义核心价值观，是对人们的道德要求。从其内容来看，它既是属于历史的、民族的，也是属于现实的、世界的；它既能指导现实的行为，也能在未来发挥作用。这种超越性特征，使德育工作的价值更加突出。

另外，"礼善"德育和其他教育形式一样，是为了活生生的人的精神建构，为了活生生的人的向善和希望的，因此它具有较强的生命性。可以这样说，德育就是生命教育，是在生命活动中、通过生命活动和为了生命而进行的教育。教育源于生命发展的需要，而长期以来教育却遮蔽了这种本源性的需要，而把教育的目的异化为知识、技能，这是一种本末倒置的做法。教育固然传授知识，但知识只具有工具价值，教育的目的在于用知识启迪智慧，将智慧融入生命，最终提升生命的意义。③ 我们说，人一生下来，即从生命的诞生开始就接受德育，并且贯穿生命的全过程。德育以生命活动为载体，德育的本质目的是促进人的生命实践

---

① 储培君等：《德育论》，8 页，福州，福建教育出版社，1997。
② 鲁洁：《当代德育基本理论探讨》，17 页，南京，江苏教育出版社，2003。
③ 冯建军：《生命与教育》，8 页，北京，教育科学出版社，2004。

和发展。生命活动就是实践活动，没有生命，就没有德育的载体，正是有了人的生命，才赋予德育实践以生气、活力、创造；反之，没有人的生命，就没有活生生的实践活动。因此，德育就必须在生命活动中进行。这也就要求我们，在德育活动中，要关注每一个学生，让每一个学生都积极参与教育活动，成为教育活动的动力，成为教育活动取之不尽、用之不竭的源泉；反之，德育中如果看不到鲜活的生命体，如果剥夺了生命体的参与权，那么，这种教育活动就会变得死气沉沉、缺乏创造。在以往的德育中，我们不难看到教师坐而论道的现象，就是说，教师絮絮叨叨地讲授德育教条，强调让学生这样做，那样做，学生根本没有参与其中，学生成了德育教条的工具。本来班会课是进行德育的课堂，但往往也被教师的说教所占据，教师眼中没有学生，心中没有生命，其教育效果也就可想而知了。德育的生命性是由生命的特点所决定的。生命是丰富多彩的，德育也应该丰富多彩；生命是时刻变化的，德育的形式也应不断采用新的形式；生命的发展成长是自主的，德育也应该尊重学生的生命需要。我们谈德育的生命性，其根本原因，德育要注意生命的主体性。因为任何教育如果离开了学生主体的积极参与，不能充分调动学生的积极作用，发挥学生的主体作用，就不会有真正的德育。另外，在很大程度上，德育的生命教育就是一种情感教育，情感是一种道德体验。体验的成效主要不是取决于知识，而是取决于活动体验；而体验的深刻与否，又和对人情感的唤醒和强化有直接的关系。正如鲁洁所指出的道德具有情感性，它在转化成人的德性、美德时就不同于人们的认识、学习知识的过程，它必须要有情感的认同、接纳，否则道德是不会真正内化为人的品德的。[①] 这些都给我们的德育工作以深刻的启示。

建构以「礼善」为核心的德育体系

---

① 鲁洁：《当代道德基本理论探讨》，296 页，南京，江苏教育出版社，2003。

第六章

"礼善"与文化传承

∧
∨
∨
∨
∨
∨
∨
∨

当我们对一些德育问题进行辩证分析后，我们的笔触已经逐渐过渡到对"礼善"意义的探索，其实，"礼善"是优秀传统道德文化的重要组成，我校所倡导的"礼善"文化本质上就是优秀传统道德文化的传承。也可以说，我校的"礼善"文化的提出，有着坚实的传统文化基础。

一、传统文化及传统道德文化　>>>>>>>

传统文化是我们的精神家园，是我们安身立命之所在，它产生于华夏五千年的历史长河中，产生于各民族互相交融的历史进程中，产生于和世界文化交流、碰撞、交融的大的历史格局中，它具有丰厚的思想内涵和表现形态。

那么，什么是传统文化呢？

说到传统文化龚鹏程在《中国传统文化十五讲》中指出：传统文化本来在我幼时的生活中，就是街坊邻里的揖让进退、闲话桑麻，是生活里具体存在着的体验。人人悲喜愉泣，俯仰于斯，谁也很难说什么是"我"，传统并不是"我"之外的一个东西。也就是说传统文化存在于我们日日所见的人们的言行举止中，存在于我们日常生活的起居揖让中。传统文化不仅是历史的产物，也是一种价值体系的延续，它对我们有着非同寻常的影响和陶冶作用，是我们生存和发展的基石。那么，传统道德文化又具有什么特点呢？

季羡林在《三十年河东　三十年河西》中，谈了陈寅恪有关《白虎通》中"三纲六纪"的问题。他说：第一，"三纲六纪"是中国文化的一部分。

什么叫"三纲"呢？就是君臣、父子、夫妇。"六纪"，一是诸父，就是父亲的兄弟姐妹；二是兄弟；三是族人；四是诸舅，就是母亲家的人；五是师长；六是朋友。我认为他说的有一定道理。因为人类自有社会以来，必然要有一种规则来维系，不然的话社会就会乱七八糟。《白虎通》的"三纲六纪"，把当时社会所有的人际关系都规定了。第二，我们的文化还有一个提法，是我们的特点，就是"格、致、正、诚、修、齐、治、平"。意思就是格物、致知、正心、诚意、修身、齐家、治国、平天下八个步骤。先从自己开始格物，就是了解事物；了解以后致知，把规律找出来；正心、诚意就不用讲了；修身就是修自己；然后齐家，把家治好；然后再治国，治国以后是平天下。第三，"礼义廉耻"之四维，就是说，礼义廉耻是国家的四个支柱。① 季先生主要从人伦道德、个体修养的角度归纳了中国传统道德文化精神的三个特点。优秀传统道德文化是中国传统文化中最精华的内容，这无疑对我们认知传统道德文化精神提供了一个良好的视角，为我们的德育提供一个深厚的道德背景。

张岱年、程宜山在《中国文化与文化论争》一书中，把中国文化看作是丰富多彩、博大精深，包括诸多要素的统一体系。书中指出这个体系的要素主要有：刚健有为、和与中、崇德利用、天人协调。② 这四点包括了我们民族文化中如何处理人和自然的关系，如何处理精神生活和物质生活的关系，人与人之间的关系——包括民族间、父子间等的道德伦理。张、程两位哲学家则把"刚健有为"之德，作为处理各类关系的道德准则，并指出四者以刚健有为思想为纲，形成中国文化基本的道德精神体系。③ 这显然是从"精神"学的角度来把握中国传统道德文化的特点的。

习近平在《青年要自觉践行社会主义核心价值观》一文中，对中国文化道德精神做了较为系统的总结：我们提倡和弘扬社会主义核心价值观，必须从中汲取丰富营养，否则就不会有生命力和影响力。比如，中华文化强调"民惟邦本""天人合一""和而不同"；强调"天行健，君子以自强不息""大道之行也，天下为公"；强调"天下兴亡，匹夫有责"，主张以德治

建构以"礼善"为核心的德育体系

---

① 季羡林：《三十年河东 三十年河西》，127～128 页，北京，当代中国出版社，2006。

② 张岱年、程宜山：《中国文化与文化论争》，15～18 页，北京，中国人民大学出版社，2006。

③ 张岱年、程宜山：《中国文化与文化论争》，15～18 页，北京，中国人民大学出版社，2006。

国、以文化人；强调"君子喻于义""君子坦荡荡""君子义以为质"；强调"言必信，行必果""人而无信，不知其可也"；强调"德不孤，必有邻""仁者爱人""与人为善""己所不欲，勿施于人""出入相友，守望相助""老吾老以及人之老，幼吾幼以及人之幼""扶贫济困""不患寡而患不均"，等等。像这样的思想和理念，不论过去还是现在，都有其鲜明的民族特色，都有其永不褪色的时代价值。无疑，习近平对中华优秀道德文化特征的总结更简洁，更具体，也更全面，我们必须加以清晰地认知和理解。习近平的论述，指出了社会主义核心价值观的继承性，它来源于几千年所积累下来的中国优秀传统道德文化精神。当然，社会主义核心价值观有其新的时代内容，比如，自由、民主、平等、法治，但总体上，社会主义核心价值观和中国优秀传统道德文化精神是一脉相承的。从以上的总结中我们不难发现，中国优秀传统道德文化是一种伦理文化，其核心是做人，做人的前提是修德，修德才能够齐家治国平天下，才能够讲究礼义廉耻、伦理纲常，才能够刚健有为，才能够坦坦荡荡。因此说，中国文化的核心就是修德做人。做怎样的一个人呢？要刚健有为，要厚德载物，要刻苦自励，要爱国刚毅，要尊长爱幼，要坦坦荡荡，要天下为公，要仁爱包容，要舍身为义等。

我们说，当下学校德育要坚持守正出新。"守正"就是对优秀传统道德文化精神的继承和弘扬，"出新"要在继承优秀传统道德文化的基础上，增加富有时代气息的内容，比如社会主义核心价值观，传统文化中不具备的内容，以及比较先进的道德教育方法等。只有这样，我们的德育才有根、有源、有效，才能真正建立学校"礼善"德育文化教育的精神家园。

二、"礼善"与文化传承 >>>>>>>

传承、弘扬优秀传统道德文化，必须热爱它，要从心灵里认同，从骨子里喜欢。热爱是传承、弘扬的前提。热爱也是认知的深入，是情感的投入，是生命的共鸣。热爱是最好的教师，一个不热爱中华优秀文化的教师，你说，他能够担当传承优秀道德文化的重任吗？这就像沙漠上盖高楼一样，那是不实际的，也是做不到的。因此，我提出以下观点。

热爱优秀传统道德文化就要广泛阅读古代文化经典。优秀传统道德文化精神蕴含在浩如烟海的典籍中，镌刻在我们的大好河山中，呈现在我们民族书法、绘画、戏曲等艺术门类中，蕴藏在我们所接触到的器物用品中，更潜隐在我们的日常行为里。但对于我们一般人来讲，了解、认知、体会优秀传统道德文化精神的博大精深，阅读无疑是最好的方式。读什么？首先要读中国文化元典典籍。什么是文化元典？文化元典是指在我们民族发展的历史进程中，成为生活指针，具有首创性、广阔性和深邃性的文化经典。在中华文化体系中，堪称文化元典的是《易》《诗》《书》《礼》《乐》《春秋》等，以及与之相关的《老子》《庄子》《墨子》《论语》《孟子》《孙子》等典籍。这些元典典籍，是民族道德文化的"基因"，是中国文化的源头活水，不读这些元典，很难说你对中国优秀道德文化的热爱。在此基础上，我们还必须更广泛地阅读其他经典——汉文、唐诗、宋词、明清小说等。因为，中国文化的道德精神就蕴含在千千万万的文化典籍中、艺术作品中。比如，读屈原我们会更深地体会到"路漫漫其修远兮，吾将上下而求索"的进取之德，以及"指九天以为正兮"的刚健不屈，"长太息以掩涕兮，哀民生之多艰"的爱民之情、之德，等等。只有这样，我们才会对中华文化道德精神了解得更宽，理解得更透，体会得更深。

热爱优秀传统道德文化就要把握其实质。读《易》我们要清楚，我们是一个追求"载物"之"厚德"道德精神的民族，是一个"苟日新，日日新，又日新"富有创新精神之德的民族，是一个"自强不息"有强烈进取精神的民族；读《论语》《孟子》等儒家经典，我们要清楚"仁者爱人""义者利人"的做人治国之道德，清楚以"仁"为首的"五常"(仁义礼智信)，以忠孝为核心的"八德"(孝悌忠信礼义廉耻)为什么成了我国社会的基本道德精神规范，成了中华民族共同的道德价值追求和精神底色。也正是因为孔孟儒学起主导作用，中华民族才具有发达的道德理性，强调道德教化，政治上为政以德、民生为本、礼主法辅、用贤纳谏，经济上见义忘利、惠农扶商、开源节用，伦理上亲慈子孝、诚信为本，外交上讲信修睦、礼尚往来，民俗上因俗而治，国格人格上自强不息、厚德载物、刚健中正，人生上修己安人、仁智勇兼修、以天下为己任。① 这些影响我们安身立命的道德观念和思想，我们都必须通过阅读而深入把握。参考以上论述，系统总结我国优秀传统道德文化的精神实质，有这样几个方面，也可以说是我们优秀传统道德文化的基本精神：刚柔相济、自强不息的意志品

---

① 牟钟鉴：《共同体：人类命运 中国经验》，载《光明日报》，2015-12-14。

质；贵和尚中、和而不同的和谐精神；以义为上、注重道德伦理的道德情怀；民为邦本、民贵君轻的民本精神；持续不断地生成、创新与转化精神；天下一家卓越的包容性与涵摄力等。如果我们热爱优秀传统道德文化，就应该把握这些精神实质。

热爱优秀传统道德文化就要进行文化创造。创造是最高的热爱。创造既指物质的，也指精神的。物质的样态，说到底是文化的样态的具体呈现。珠港澳大桥从外观上既可以看成物态的东西，也可以看成艺术的东西，无论把它看作什么，它都体现了中国文化中的创新精神，体现着中国人所特有的智慧和巧思，体现着中国人包举万物辉煌的"天下一家，达通四海"的道德文化情怀。具体说到我们教师的文化创造，也并不神秘，比如，我们写一篇有关于学校道德生活的文章，揭示道德文化教育的一种规律，这就是创造。当然，这种创造要体现民族文化的教育的道德精神；对于经典的著作、经典的文章，我们应引领学生深入解读，解读中有新的发现，产生新的见解，使学生更能真切地理解经典中道德精神的内涵，这也是一种创造和教育。还有，如果我们在教学中，结合中国经典所体现的道德文化精神并和世界道德文化精神相比照，得出规律性的结论，也是一种创造。比如，我们民族道德文化中珍惜时间的道德进取精神和德国文化中的"浮士德精神"是类似的，如果我们在解读中把这种精神相互融合从而得出一切伟大的民族都具有珍惜光阴、不断进取的道德精神的结论，并鼓励学生奋发有为，同样是一种道德创造。还有，把经典道德文化精神和日常生活结合起来，加深学生对中华道德文化精神的体验，也是一种创造。当然，更高层阶的创造，是通过自己的研究来解决道德文化教育中的难题，突破道德文化教育中的困境，创造出富有价值的继承和创造相融合的道德教育理论体系并在实践中形成经验模式，从而使自己的创造真正融入民族文化发展的洪流之中，虽然这是很少人才能做到的，但我们如果具有"虽不能至，心向往之"的意念，难道这不是对中国优秀道德文化的真正热爱、继承和弘扬吗？

传承及弘扬优秀传统道德文化对于我们教师来说，既是一种态度，也是一种责任；既是一种追求，也是一种使命。中华传统道德文化是一个大概念，它融儒释道于一体，其典籍浩如烟海，鱼龙混杂，如何有效进行传承，是值得我们研究的大问题。

中小学阶段，是一个人成长的关键期，抓好这个阶段的教育，对人的成长至关重要。那么，传承优秀道德文化应注意什么呢？

第一，要讲科学。科学的道德文化传承，就是克服盲目和躁进，要根据学生不同年龄、不同阶段的接受能力来进行。目前不少地方大多采用背诵的方法，不管学生年龄特点，小学生背诵《弟子规》《百家姓》，中学生也一样。更有甚者，成立所谓的"国学学校"，并建于什么深山老林中，背离时代的需要，让学生远离现代科学一味地读"经"，使学生变成了新时代的"书呆子"。他们盲目地认为，读"经"就能解决人生成长中的所有问题，解决社会发展中的所有问题。现代教育科学认为：纯粹的记诵，对人的成长其意义是不大的。图式理论认为，人在任何时候大脑都不是一个白板，认识的过程最终的结果，是主体达到了对客体的认知和把握，即"反映"。但这种反映不是客体在主体大脑中的机械复制，而是主体依据图式对客体信息做了大规模的加工处理而达到的对于客体的创造性理解，是主体给予对象的解释或说明。① 当学生即主体还没有一定的信息加工能力的时候，也就是他对客体的内容还不能做出主观反映的时候，单纯的记诵对他是不起作用的。在现实生活中，我们会发现这样一个现象，有不少学生在儿童时期能背诵许多古诗词，人们往往认为这样的孩子长大以后一定学习好、有前途；事实上，两者完全不成正比。儿童时期所背诵的内容，在日后的成长过程中，若没有内化在他的知识图式中，就会被遗忘，从而在孩子的成长中，起不到任何作用。目前还有一个观点，认为古人读书就是背诵。我们不否认背诵的作用，但古人的学习基本上是单纯的，他们背诵的东西，有消化的机会，而现在的学生是多学科的学习，今天背诵的东西，不及时消化吸收，今后可能就没有了消化理解的机会。也就是今天背诵的可能就成了死的知识。所以，这些问题我们都应进行研究和应对。

第二，要有系统。系统是一种科学的体系，高级思维模式，其本质就是一种框架。即通过选择、改善构建"结构"，从而快速、全面、深入、系统地掌握知识。作为教育工作者，对中华优秀道德文化的传承，必须根据实际的需要、学生成长的特点以及经典的深浅程度建构我们的课程体系。这个体系要以中国文化的元典为核心，如《论语》《老子》《孟子》《庄

① 周文彰：《狡黠的心灵——主体认识图式概论》，48 页，北京，中国人民大学出版社，1988。

子》《大学》《中庸》等，然后根据可接受性、感受性原则，编选饱含中华优透道德文化精神的诗词、散文、小说、戏剧，以及书法、绘画、音乐等作品，通过对这些作品的鉴赏，使学生感受中华优秀道德文化的醇厚精神，博大强健的魂魄，从而逐渐而不是急剧，深刻而不是肤浅，广博而不是狭隘，自然而不是强压式地对中华优透道德文化精神进行感受、了解。由此，形成作家王蒙所说的"中华风度"(文质彬彬、从容不迫、避免争拗、和谐稳重，再补充以健康公平的竞争，以及对核心价值利益的坚守)，使我们的中国人有着诗书礼乐的教养与文化，琴棋书画的益智与审美，精致而简朴的生活态度，贫贱不移与富而好礼的姿态，行云流水、水到渠成的耐心，穷则独善其身，达则兼济天下的明达与开阔，谁能不喜爱有着这样"中华风度"的人?[①] 目前，我校在传承中华优秀道德文化方面进行了大量有益的探索，学校在系统化道德文化传承中做了不少具体的工作。比如，我们在学校立起了浙东文化"三圣"(王阳明、全祖望、黄宗羲)的雕像，设立"国学室"，编选"国学经典"课程，进行国学经典朗诵。尤其需要指出的是，为了使优秀传统道德文化精神入心、入脑，我们积极组织研学旅行，让学生通过实地考察感受优秀传统道德文化精神的魅力和作用。我们组织大运河文化之旅，组织"追随阳明学圣贤"阳明文化研学活动。王阳明先生是"立德、立功、立言"真三不朽之圣贤，学生通过了悟其人其事其思想，追随阳明学圣贤，探索未来人生的意义与价值，形成优秀的传统道德精神。每次活动我们都深入研究，精心组织，比如，针对王阳明进行的两天的研学旅行，我们便确立了"立志"这一主题——既有高山顶立的大志，即立圣人之志；又有深深海底行的功夫，脚踏实地、扎扎实实过好三年高中道德生活。在学业磨炼中，在人情事变摇荡中凝聚，"是以君子之学，无时无处而不以立志为事"，时时刻刻觉知省察克己，同时培育"正目而视之，无他见也；倾耳而听之，无他闻也。如猫捕鼠，如鸡覆卵，精神心思凝聚融结，而不复知有其他，然后此志常立，神气精明，义理昭著"。这样的活动，使学生接受优秀传统道德文化精神的熏陶，加强对民族优秀传统道德文化精神的领悟，对惠贞学子成为具有高尚民族情操、良好传统道德文化精神的新一代人具有十分重要的作用。

---

① 王蒙：《文化自信的历史经验与责任》，载《光明日报》，2016-09-22。

第三，要以课堂为主阵地。传承中华优秀道德文化精神，当下人们有个误区，认为只有专门的教材、专门的教师才能够做到。我们认为，开发传统道德文化课程，系统地对学生进行这方面的教育是十分必要的。我们一直强调的是，系统化的教材很重要，但是中华优秀道德文化精神还蕴含在其他的学科里。因此，优秀传统道德文化精神的传播主渠道一定在课堂，也必须在课堂。那些靠增加学生的负担而进行的传承一是效果不好，二是不会长久。只要我们对传统文化有深刻的认知和理解，我们的每一位教师都能成为中华优秀传统道德文化精神的传承者。为什么有的学校还热衷于在国家开设的必修课程或选择性必修课程之外，又要开设和教材相类似并且内容大多重复的课程呢？在新的形势下，如果说对涉及中国文化内容的课程加以强化这是无可厚非的，但是，如果认为只有单独的课程才能传播中华文化，我认为这一是对传统文化的理解不到位，二是不能够掌握有效的传承方法所致——其核心是不能认知、感受课程中蕴含的优秀传统道德文化。其实，中华优秀道德文化精神，既蕴含在古典精华文献中，也蕴含在现代文章文献中。当然，"四书五经"这些文化元典其道德文化精神更加直接，古代文章、诗词中的也比较浓烈，这是不争的事实。但不管怎样，课堂才是传承中华优秀道德文化的主渠道。比如，我们学习杜甫的《茅屋为秋风所破歌》，学习范仲淹的《岳阳楼记》等，就能很自然地让学生体会到有"民本"道德思想所延伸出来的知识分子以天下为己任、关心民瘼的生命情怀；学习沈从文的小说《边城》，我们也能感受到"厚德载物"思想所延伸出来的淳朴、忠厚的道德文化精神特质和对"中和"生活的向往。还有我们的历史、地理、音乐、美术等课程都能够挖掘出中华优秀传统道德文化精神，这种浸润式、润物细无声的教育，比我们单独的灌输可能要有效得多。当然在传承优秀传统道德文化精神中，学科不同其所承担的任务也是不同的。作为语文、历史、地理、政治这些学科的教师，有的从语言，有的从历史故事，有的从地理遗存，有的从政治道德，都能够自然地对优秀传统道德文化精神进行传播，而数理化这些学科，通过科学道德精神的传播，同样能够渗透优秀传统道德文化精神。

第四，坚持实践性导向。当下，德育为什么出现非常严重的困境，其关键的一点是教育的空洞现象，即德育不能和学生成长的需要、学生的生命实践相结合。德育理论与实践中的"人学空场"，它不是以人，特别是不以受教育者为主体的，它所传授的是剥离了人性内涵的空洞的道德规范，在实施中又背离了把握人性所特有的过程与规律。正因为如此，本来应当是充满了人性魅力的德育，变成了毫无主体能动，没有道德意义，枯燥无味，令人厌烦的灌输与说教。[①] 就是说德育仅仅局限于说教，也就失去了它的魅力和作用。同样，对于优秀传统道德文化精神的传承，我们若仅仅停留在宣讲上，不能通过实践让学生体会，让学生去做，其效果肯定是不大的。因此，我们在优秀传统道德文化精神的传承中，提倡项目化、课题化，就是说，把每一项优秀传统道德文化精神的传承都作为一项系统的项目、课题，通过认真计划，以研究为中心，以实践为抓手，以体验为目的进行认知。被我们称为"行走德育"的研学旅行就是优秀传统道德文化精神传承的很重要的实践活动。作为文化大省的浙江，有很多历史文化名人，他们身上体现了优秀的传统道德文化精神。我们不仅引导学生读他们的作品，更重要的是我们的教师特别是文科教师，还设计了不少小课题，通过引导让学生进行实践性研究，比如王阳明的知行合一、范钦的家风、鲁迅的成长及秋瑾的诗歌与爱国精神等。我们通过项目和课题做到道德教育与实践的有机结合，使优秀传统道德文化精神得到有效的传承。

第五，坚持和时代接轨。无论是德育还是优秀传统道德文化精神的传承，封闭是没有效果也是没有意义的，只有接轨于时代的发展，在现实的世界中接受检验，才会闪射出精神的光华。因此，我们提出德育要贴近学生、贴近实际、贴近生活的原则。学校德育不能是空中楼阁，传承优秀道德文化精神更需要接地气、"顺民心"，应该扣紧时代前进的脉搏，把准学生思想的动态，用好生活中常见的案例，循循善诱。比如，习近平提出构建人类命运共同体的理念，其实这个理念和优秀传统的道德文化精神紧密相连。人类命运共同体是人类的精神价值世界，是真善美的艺术理想世界，它蕴含在世界各文明思想之中。在中国人的精神世界里，自古以来，人类命运共同体理念就引导着中华民族对价值理想世界(天下)的憧憬和永恒的价值追求。[②] 这里明确指出了人类命运共同体理念和优秀传统道德文化精神的联系。《尚书·尧典》便有"协和万邦，万

---

① 鲁洁：《当代德育基本理论探讨》，95 页，南京，江苏教育出版社，2003。
② 张立文：《中华传统文化与人类命运共同体》，载《光明日报》，2017-11-06。

国咸宁"的道德精神；《礼记》中提出天下"大同"的道德文化理想，即"大道之行也，天下为公，选贤与能，讲信修睦。故人不独亲其亲，不独子其子，使老有所终，壮有所用，幼有所长，矜、寡、孤、独、废疾者皆有所养，男有分，女有归。货恶其弃于地也，不必藏于己；力恶其不出于身也，不必为己。是故谋闭而不兴，盗窃乱贼而不作，故外户而不闭，是谓大同"。我们经常说四海是一家，四海之内皆兄弟，都是这种道德文化精神的体现。这些也充分说明，传承优秀传统道德文化精神，将其和现实生活结合起来才更有效，更有生命力。

总之，优秀传统道德文化是我们生命的基因、血脉，是我们生存、发展的基础。它内化于心、外化于行，渗透到人们活动的方方面面，也渗透到政治、理论和制度中。我们民族之所以历经磨难而不衰，并不断地向世界文化之巅靠近，靠的就是我们的优秀传统道德文化精神。宁波惠贞书院作为以书院命名、有着深刻文化底蕴和精神风范的学校，只有把优秀传统道德文化的传承、弘扬作为一项重要的任务，在未来的发展中才能够根深盘结，风格独特，风貌异然。

第七章

"礼善"与知行合一

当我们厘清了"礼善"和传统文化的关系，以及如何传承优秀的道德精神后，为了更深入有效地进行"礼善"文化建设，我们弄清楚"礼善"与传统知行合一的思想，就有着十分重要的意义。

一、王阳明的人生及道德启示 >>>>>>>

近年来，习近平在多个场合的讲话中先后 10 多次提到明代思想家王阳明，肯定阳明心学是中国传统文化的精华，学习阳明心学，了解阳明人生，也是增强中国人文化自信的切入点之一。

阳明心学是中国思想文化史上的重要学说之一。阳明心学不是唯心之学，也不仅仅是心理之学，而是中国古代思想家既强调道法自然，又主张天人合一，更重视人的主观能动性等一系列哲学思想之集大成，通过心即理、知行合一、致良知等核心概念实现了理论与实践的统一、主体与客体的统一和内圣与外王的统一。站在今天新的历史方位上，传承发扬阳明心学，有着重大的理论价值和现实意义。[①] 这里系统介绍了王阳明的贡献及其历史意义。王阳明其主要贡献是心学，即阳明心学。阳明心学就是由王阳明所奠定、其弟子后学所传承发展以"良知"为德性本体，以"致良知"为修养方法，以"知行合一"为实践功夫，以"明德亲民"为政治应用的良知心学。[②] 这是王阳明的心学在思想哲学上的巨大贡献。

---

① 贾文泽、朱亮高：《今天为何要重读王阳明》，载《光明日报》，2018-05-06。

② 吴光：《王阳明的人生与学问》，载《光明日报》，2017-04-30。

对于学生来说，如果从哲学的高度来理解王阳明的学说，显然是艰难的，也是不适宜的。但是，如果我们从王阳明一生的经历中，提炼出其精神特质，引导学生对其进行理解，进而受其感染、浸润，无疑是具有极大德育价值的。那么，从王阳明的人生经历中，我们可以得到人生道德成长的什么启示呢？

立志。王阳明(1472—1529)，字伯安，浙江余姚人。他五岁改名为"守仁"，取自《论语》"知及之，仁不能守之，虽得之，必失之"之意。他自幼聪明绝伦，十岁那年，父亲王华高中状元，授翰林院修撰之职，第二年的时候，便随同祖父一同到京城生活，当时船过镇江金山寺，其祖父与人对饮赋诗，还未成篇，但聪颖的王阳明却已经赋诗一首。其诗为："金山一点大如拳，打破维扬水底天。醉依妙高台上月，玉箫吹彻洞龙眠。"当时客人非常吃惊，又让赋诗，王阳明出口成章，诗惊四座。他在十二岁的时候，拜师读书，他经常沉思，思考人生的真谛。有一天，他突然问老师："何为第一等事？"老师回答他说："惟读书登第耳！"但王阳明则说："登第恐未为第一等事，或读书学圣贤耳！"也就是说"读书学圣贤"是人生第一等事。这是他的心愿，也是他的志向，也就是说，王阳明要做圣贤的志向在他少年读书的时候便立下了，这是何等令人惊叹的事情啊！一个十二岁的少年竟然有做天下第一等事的宏伟志向。因此，我们有必要分析一下"志"的问题，以期影响我们的学生。何为志，"心之所之也"，也就是内心所向往的就是志向。以成圣成贤为人生第一等事，这志向不同凡响，表明了一个少年内在的生命愿望，他高远，超凡出尘。当时虽然还不是他的铮铮之声，但却反映了少年王阳明个人的超拔的理想和聪明睿智，体现了中国文化数千年来，知识分子一以贯之的价值诉求和精神发展方向。做圣贤是个人和集体汇聚而成的民族文化大生命长期实践的个性化话语表达。学为君子，学为圣贤，是中国文化的基本主题。所有的精致文化都是要把人教育成名曰君子的艺术品。孔孟荀，《诗》《书》《易》《春秋》各讲一套，但在教育人一定要成为君子、圣贤这一点上高度一致。[1] 何为圣贤呢？圣人和贤人的合称，泛称道德高尚、才智杰出的人。司马迁在《报任少卿书》中说："《诗》三百篇，大底圣贤发愤之所为也。"王阳明在其《传习录》中也说："知而不行，只是未知，圣贤教

---

[1] 周月亮：《心学大师王阳明大传》，26 页，北京，中华工商联合出版社，1999。

人知行，正是要复那本体，不是着你只恁的便罢。"王阳明对圣贤的界定也很清楚，即"教人知行"，这也是他"知行合一"思想的体现。所以，圣贤不仅品质高尚、才智超人，而且是通过自己的知行实现自己生命价值，对历史社会有杰出贡献的人。王阳明把"读书学圣贤"作为人生第一等事，作为人生奋斗目标。我们说，有什么样的选择就有什么样的人生，人生的定位决定人生的方向和追求，一个人志向愈高，其内在潜能的爆发力愈强。如果爷爷放羊、娶妻、生子，爸爸放羊、娶妻、生子，我也放羊、娶妻、生子，这样生生不息，闭环式循环，社会还有什么发展？王阳明以"读书学圣贤"为人生第一等事，这是一种大志。我们说立志当立大志，所谓大志就是大的愿望。小的愿望每个人都有很多，比如有房子、有车子，有一个好妻子、好家庭，有一个好的工作等，这些都是围绕个人而言的愿望。大的愿望就是从整体出发，对人类而言的愿望。关于立志，王阳明有一段很著名的文字："志不立，天下无可成之事。虽百工技艺，未有不本于志者。今学者旷废隳惰，玩岁愒时，而百无所成，皆由于志之未立耳。故立志而圣，则圣矣；立志而贤，则贤矣；志不立，如无舵之舟，无衔之马，漂荡奔逸，终亦何所底乎？"这里把立志的作用，说得很清楚。马克思在谈到职业选择时曾说，我们应该遵循的主要指针是人类的幸福和我们自身的完美。人们只有为同时代人的完美、为他们的幸福而工作，才能使自己也过得完美。王阳明以成圣成贤为人生的终极目标，显然也是他从小历览前贤的情况下做出的。将"读书学圣贤"作为他人生第一等事，这是少年王阳明的豪迈人生宣言。宣言既反映了他的少年志气，也表达了他的终极理想，我们应该想象得到，当时，王阳明内在向往的力量。由此，我也想到少年周恩来"为中华之崛起而读书"的志向。由此可知，历史上伟大的人物，之所以能够成就自己的伟大，少年立志，立大志是其伟大的起步。没有伟大的志向，就不可能有超拔之为，就不可能有伟大之功，其道理就在这里。因此，对于学生来说，在今天新的伟大时代里，把自己的追求和整个时代结合起来，要立志，并且立大志。王阳明，就是一个很好的德育资源。

　　勤学。勤学是一种品质，是进步的保障。王阳明上马为将，下马为师，文能经天纬地，武能安邦定国。但在从政、从军的过程中，他对学问的探索和感悟始终不停。当然，王阳明的勤奋不是我们现在所说的多做题目，他的勤奋更多的是体现在对自己身心的修炼上，在如何修炼一颗强大的内心上。王阳明主张：事上练！《传习录》中说："人须在事上磨炼做功夫乃有益，若只是好静，遇事便乱，终无长进。那静时功夫，亦差似收敛，而实放溺也。"按现在的话说：多经历事情，多增加阅历，多经历磨难，在磨炼中成长，在事上练就一颗强大的内心，而不是一味静修。这一项项的"多"中，正是勤奋的一种表现。王阳明在《教条示龙场诸生》中说："已立志为君子，自当从事于学。凡学之不勤，必其志之尚未笃也。从吾游者，不以聪慧警捷为高，而以勤确谦抑为上……苟有谦默自持，无能自处，笃志力行，勤学好问，称人之善。"这里指出了志与勤的关系，但重点谈勤奋与天资的关系。他强调天资优良与勤奋努力之间的对比，勤奋其实与立志关系密切，与人格情操关系密切。这样，就把勤奋这个学习态度和学习意志的问题，与人的品性联系起来了，强调了勤奋在人生发展中的重要性。王阳明一面告诫青年才俊要立志成贤成圣，一面又劝勉诸生应当笃志力行，勤奋学习，"自求变化气质"。为了向龙场诸生讲述勤学的道理，王阳明指明了他自己的选材标准：不是聪明、机警、敏捷，而是勤奋、执着、谦虚。他还对妒忌别人长处、掩盖自己短处、爱自吹自擂、说大话欺骗人的人进行了批判；而对谦虚、静默，把自己看得没什么能力，但是却有坚定的志向，努力实践，勤学好问，称赞别人的优点，指责自己的过失，学习别人的长处，明白自己的短处，忠厚诚实，和乐平易，表里一致的人进行了赞扬。王阳明不仅鼓励自己的学生要"笃志力行，勤学好问"，还教诲自己儿子，他在给儿子王正宪的《示宪儿》中写道："勤读书，要孝悌；学谦恭，循礼义；节饮食，戒游戏；毋说谎，毋贪利；毋任情，毋斗气；毋责人，但自治。能下人，是有志；能容人，是大器。凡做人，在心地；心地好，是良士；心地恶，是凶类。譬树果，心是蒂；蒂若坏，果必坠。"这一段可以看作是"阳明家训"，他采用了歌谣体的形式，向子弟辈传递、指明了读书学习的方向，而"勤读书"，一个"勤"字，突出了他"勤学"的思想。对于勤学，人们有很多论述都指出了勤奋的重要："业精于勤，荒于嬉；行成于思，毁于随""书山有路勤为径，学海无涯苦作舟""勤能补拙是良训，一分辛苦一分才"等。这些关于勤奋的说教已经成为人们一代一代口耳相传的熟语，并且形成人们心目中对学习、读书的一般看法，即把勤奋作为第一要素。长久以来，勤奋已经成为一种精神，它甚至升华为一种民族精神。因而才有"中华民族是一个勤劳勇敢的民族"的说法。因此，从这一层面来说，勤奋还是我们民族的传统文化精神，延传几千年都不会黯然失色，它升华为一种民族的品格，代表着一种任劳任怨的精神状态。[1] 我们引导学生牢记王阳明的教诲，树立勤奋好学的优秀品质，这对孩子的成长有十分重要的意义。

执着。执着是一种意志品质，一种精神。在事业的追求中，唯有执着、唯有坚持才能最终实现自己的目标。记得鲁迅先生说过，无论什么事，如果连续搜集材料，积之十年，总可以成为一个学者。有一个作家也说，我在这一点上就像一个人在年轻时积累了许多有价值的"银币"与"铜币"，年岁愈大，这些钱币的价值也愈高。到了最后，他年轻时的财产在他面前块块都变成了"纯金"的，都说明执着坚持的作用。据我观察，一个人事业能不能有起色或者起色大小，和一个人的执着精神是有很大关系的。我们不少人，由于各种原因，对某项事业产生了兴趣，也经过了一番努力，但是，这些努力似乎都建立在立即见效的判断之中，假如经过一段时间的努力，没有效果，其内在的动力则会逐渐消失，最终热情淹息，归为平常。而成就王阳明的，不是别的，正是他超越于一般人的执着精神。有一则阳明"格竹"的故事，是这样写的：阳明读朱子书，欲做圣人，先修格物。然于格物，不得甚解。决心先实践一番看看。抬头一看，眼前见一片竹林，顿时有了主意。格物，格物，就先格这竹子吧。说干就干，阳明一屁股坐下来，眼睛盯紧一棵竹子，"格"了起来。眼前这根竹子，碗口粗细，枝叶扶疏，最高处直接天际。阳明凝视了半天，认真思考这竹子背后的道理。他首先想到这竹子的用处，竹子质地坚韧，竹竿修长，天生是做建筑的好材料，可以盖房子、搭窝棚；截成小断可以做筷子，做竹筒。艺术方面，竹子姿态优美，有气有节，可以入画，可以入诗。竹子的种类繁多，眼前这种竹子人们都叫它毛竹，名字的由来暂且还不清楚。竹笋可食用，营养价值丰富。还有嘛……就这样，阳明以竹子为题，整整思考了七天，感觉似乎做了一篇关于竹子的大文章。到第七天，直坐得他头晕眼花，几乎要昏倒了。果真如孔子说，"终日不食，终夜不寝，以思，无益，不如学也"！可是禅宗的师父们都是这么静坐悟道的呀，圣人之道难道就这样难求吗？这里王阳明对竹子的"格"（来自朱熹的"格物致知"，意思是要求人们不仅要了解事物的表

---

① 李平收：《天才少年成功之路》，18 页，北京，中国青年出版社，2001。

面，还要深入钻研、探究事物的原理。具体怎样"格物"呢？"格物"即同事物面对面，用理性去了解和彻悟事物的原理。只有不停地去"格物"才能弄清楚事物的本质和规律，才能达到"致知"的境界，才能进入圣人的思想境界）虽然失败了，但他对待事物这种执着的穷究精神，无疑是值得学习和发扬的。

不朽。其实从德育的角度，立人的角度，关于王阳明，我们可引导学生学习的还有很多，比如，王阳明龙场讲学给弟子提出的四条黄金铁律：立志、勤学、改过、责善。我们已经说过了立志、勤学的问题，其实改过和责善同样是做圣贤必备的品质，也是我们引导学生该具有的人生态度；还有慎思笃行、勤于求知、细于做事，等等。王阳明内心强大，有克己的功夫，这些都值得我们深思和对学生加以传授。人们说王阳明是真正的"三不朽"，我们为什么不能引领学生追求生命的不朽呢？"不朽"指永不磨灭，功勋卓著，流芳百世。它来自《左传·襄公二十四年》："大上有立德，其次有立功，其次有立言，虽久不废，此之谓不朽。"其"立德"，即树立高尚的道德；"立功"，即为国为民建立功绩；"立言"，即提出具有真知灼见的言论。"三不朽"是一种永恒的精神价值，它影响了代代中国人为了民族的伟业而不息奋斗，这种思想也成全了千千万万的政治家、军事家、科学家、文学家、艺术家等。它也使得我国文化的天空更加璀璨、更加明亮。在转瞬即逝的生命之流中，人总想抓住些永恒的东西，而不朽是人的伟大的精神需要之一。对不朽的追求，能够激励个体生命释放出无比巨大的能量，立鸿鹄之志，建伟大功业。当然，我们在引领学生对不朽之名的追求中，一定要讲清楚，它是要付出非凡的代价的，要经过艰苦卓绝的努力，做出巨大的个人牺牲并放弃凡俗的某些物欲与私利，而后才能功成名就的。孔子"知其不可而为之"，周游列国，"累累若丧家之犬"；司马迁因说真话而遭到宫刑，仍能忍辱负重，发愤著书，遂留下"史家之绝唱，无韵之离骚"的《史记》。而人们说王阳明是真正的"三不朽"主要体现为他是著名的思想家、文学家、哲学家和军事家，心学之集大成者。晚年官至南京兵部尚书、都察院左都御史，因平定宸濠之乱而被封为新建伯，隆庆年间追赠新建侯——可看作是"立功"。他是心学集大成者，其学术思想传至日本、朝鲜半岛以及东南亚，产生了重要而深远的影响；他对于人生存在意义所做的哲学反思，具有反叛性、挑战性；他的功劳在于使人的主体意识得到了空前提高——既是"立德"也是"立言"。人称王阳明是"治学之名儒，治世之能臣"。他的故居有一副楹联为"立德立功立言真三不朽，明理明知明教乃万人师"，可谓是集立功、立德、立言于一身，成就冠绝一代。而且，在我们周围，在现时代，在学生的周围，同样有称得上或立功，或立德，或立言之人，比如，学校创办人范鸿龄先生的祖上范钦，还有朱舜水、黄宗羲、全祖望等；当代的周信芳、潘天寿、沙孟海、童第周、屠呦呦等。当下，不少学校把办学目标定为培养领袖人物，作为以书院命名的学校，我们有很丰富的道德教育资源，我们为什么不能使学生像王阳明一样，从小立下"读书做贤人"的大志，为了国家民族的建设，立大功求不朽呢？这无疑是我们激励学生健康成长的又一路径。教育是播种的事业，播种梦想，收获希望；播种希望，收获成功；播种善良，收获和谐；播种理想，收获力量。点燃人的内心，才是学校教育的灵魂所在。许多时候，就是因为学校教育有形无形中的一个充满激励的行动(无形更可贵，这意味着对学生的引导与激励已成为学校文化精神的一部分)，唤起了某个学生内心的转变，从而唤起他整体生命姿态的转变，由此而获得个体人生转变的契机。①

引导学生像王阳明一样，追求人生的不朽，谁能说不是激励学生成长的一种力量呢？

二、知行合一的道德意蕴　>>>>>>>

知行合一有着深刻的"礼善"道德意蕴，而今天对我校的道德教育，也有着深刻的启发。

第一，要用"知"涵养德性。这里的"知"不是知识，而是"良知"，良知本身就是一种德性，一种善。"致良知"是知行合一的基础。我们说的"良知"从根本上来说是一种道德自觉。对于教师来讲，修身齐家，即"致良知"，是我们的立身处世之根本。如果我们简单地理解王阳明的心学，其实就是修养之学，就是知行合一之学。作为教师，要坚持对自己的高要求，追求崇高的道德境界，要修仁义礼智信之德，修温良恭俭让之德，

---

① 刘铁芳：《什么是好的教育——学校教育的哲学阐释》，7～8页，北京，高等教育出版社，2014。

修廉洁自律之德，修爱生求学之德，修责任担当之德，修创新创造之德，有了这种道德，"知"才更深厚，"行"才更有效。当下，有些地方出现对教师不尊重的情况，这种情况对教师的成长不利，对教育的发展不利，但是，越是遇到这种情况，我们越要坚守师德的底线，坚守一个教育者的良知，践行为师的责任。当然，当我们遭受不公的时候，我们应拿起法律的武器。在任何情况下，我们不能失去为师的良知，因为，良知是我们的道德底线。作为教师，任何时候都不能忘记我们从事的是"太阳底下最光辉的事业"，我们是"人类灵魂的工程师"，文明的传承者，我们有着千斤的重担和责任。

第二，要坚持实践的原则，杜绝空话。对于王阳明的知行合一之思想，有人总结为三层含义：知行必须兼顾，不能分开，本身就是一体；真知必然包含着行，要注意躬身实践，才是真知；以知促行，为善去恶，强调个人的自律。我们说做事贵在实践，贵在践履。当下，在德育中存在不少知行分离的情况。这里有这样的几个层面，一是知而不行，二是知行背离，三是无知无行。按照王阳明的说法，"知"（这里指的是"良知"）是人心所固有的，而我们的"知"指的是道德准则，或者说是道德认知。有些教师或者学生，明明知道什么事应该做，什么事不应该做，但是就是言行不一，或者干脆不做。知行背离是指言行不一，当面说的好，实际并不这样做，或者做的和说的相反。无知无行则是更严重的情况了，这样的人既不学习，提高自己的道德业务修养，做事情也不积极，做一天和尚撞一天钟，没有教育的责任感、使命感，贻误教育，耽误孩子的成长。从教育特点来看，知行合一其关键就是，把"知"和"行"融为一体，而在当下，坚持实践原则是当务之急。教育上，有太多的"知"，太多震天响的口号，太多华而不实的说教，这样的说教，似有"语不惊人死不休"的劲头。它严重背离教育道德，背离"知"客观真理和"行"主观行为。知行合一要达到真"知"和真"行"就必须坚持实践原则，杜绝空话。这是我们教育者，应具有的道德义务和责任。

第三，关注内心，不断反思。"知"与"行"合二为一，是道德修炼的一种境界，这种境界不是一下子就能达到的，它是一个"知行"交错不断精进的过程。中国古代哲学家认为，在道德实践方面，不仅要认识（知），尤其应当实践（行），只有把"知"和"行"统一起来，才能称得上"善"。从这个表述中，我们应理解人的认知是一个方面，即古人首先强调的是

"知"，这和唯物主义实践决定认知似乎是相反的；然后是"行"，即按照认知或者良知去做；在做的过程中通过不断地印证、反思，最后才能达到"知行"的融合。"知行"相互融合是一种境界，达到这种境界必须不断地关注内心的变化，不断地进行自我反思。反思是一种优秀品质，是对内心的一种关照。曾子曰："吾日三省吾身：为人谋而不忠乎？与朋友交而不信乎？传不习乎？"自省就是反思，教师拥有反思品质，就意味着有变得越来越聪明的可能，就意味着其有追求智慧境界的倾向。反思是一种优秀品质，它对我们行为的检视、矫正有着积极的作用。在"知"与"行"的发展中，当我们有了反思的意识，也就打通了个人的道德修养、学识上升的通道。反思，也是一种促使自身健康成长的生命智慧。深于解剖，严于克己，从来就是刚毅的智者对自身的道德要求。现在的问题是，有些人不愿意对自己的"知行"进行反思，不愿意对自己的内心进行观照，或者总感到自己的"知"是对的，自己的"行"是正确的，所以也就很难达到知行合一的境界。

中国的学问，大都是道德修养之学，知行合一同样强调"良知"和"良行"的结合，我们学习王阳明不仅要学习他立志做圣贤的道德追求，也要体会其知行合一的"礼善"道德意蕴——遵规而行则为"礼"，行而有果则为"善"。这就是知行合一与"礼善"的关系。

第八章

"礼善"与道德文化建设

以上几章的内容，我们从比较宏观的角度，探索了我校"礼善"文化和道德建设、传统文化的关系，我们的笔触也逐渐过渡到我校如何建设道德、"礼善"文化以及对建设路径的探索上。

一、道德文化及其功用 >>>>>>>

德育文化之于学校，是全体师生在学校历史发展与长期德育实践中创造、积淀并共同遵循的办学理念、道德准则、价值观念、行为规范、教风学风的总和。

文化的关键是"化"，即化育。它是深入骨子中的问题，是道德行为的相融为一。我校的"礼善"文化体系就是我们优秀传统道德文化的具体呈现。那么，德育文化在学校整体文化建设中的功能又是什么呢？

第一，核心凝聚。"立德树人"是教育的总方向，其核心是立人。从文字的表述来看，"立德"即一个人有良好的道德是基础，是前提条件，而"树人"是目标。成尚荣在其《最高目的》中指出：习总书记用"国无德不兴，人无德不立"做了高度概括。冯友兰认为，中华民族有一个显著的特点，即"把道德看作高于一切"。正是中华民族的传统美德，让中华民族的血脉里永远流淌着道德的血液，铸造着中华民族的君子人格，君子之道是为德之道、为人之道、立国之道。道德也是人类共同的追求。诗人但丁如是说："一个知识不全的人，可以用道德去弥补，而一个道德不全的人却难以用知识去弥补。"道德超越知识、引领知识。也有人曾说："能力将你带上顶峰，德行将你永驻那儿。"道德超越能力，对能力进行判断，能力才会有正确的方向。① 这里通过引述阐明了德育文化的重要作用。而我们必须要明白的是，学校一切工作的核心、最高目标就是育人，而育人的核心是人的道德。德育文化凝聚起学校的一切力量，为培养学生具有良好的道德服务。因为，我们知道，人无德不立，道德教育是学校工作的重中之重。有人指出，道德，对于人类社会来说比金子还要金贵。因为它所展示的是人类美好的心灵和友善的行为。金子虽然可贵，但是它只是人类的身外之物，它只是被驾驭和驱使的静态物质。道德是人生命超越的基本依凭和价值向度，人正是依凭道德而成为人，道德乃是人之为人的基本属性。道德是人为满足自身精神所需要的价值追寻，是个体生命置身于人与人共同的社会生活实践之中而获得的社会意识，它所蕴含的是个体生命与世界的价值关涉，是个体在生活实践中对个体生命与世界关系的发现、认可与践行。②

第二，方向指引。道德文化应该包括以下内容：重树道德理想，也就是一个教师、一个学生应该做一个怎样的教师、一个怎样的学生。这虽然不是人生终极意义的拷问，但涉及每个人的道德理想追求。道德文化就是要解决教师、学生有关正确的理想价值的问题。这个问题似乎又很复杂，比如，理想目标的远近，现实义利的关系，现实的人际关系，等等。德育文化要让师生树立崇高的道德理想，这个理想就是教师要为学生的发展、人生幸福而教，为学生的智慧获取而教，这也就是成尚荣所说的"教学律令"。但是，当我们的道德理想目标和现实相矛盾的时候又该如何办？显然目前的有些教育模式和优秀教师的道德理想是有矛盾的。并不是说这个矛盾不能解决，然而解决的关键点在什么地方呢？不是考试内容的高不可攀，而是教学水平和学生发展的要求及考试要求的距离。因此，道德文化就要求我们，作为一名教师，必须要有德、学、能。"德"即需要有良好的道德品质，包括热爱学生，忠诚于教育事业，坚守我们前文所述的"教学律令"，公正、公平地对待任何一个学生，尊重学生的差异和选择，处处为学校学生着想等；"学"即作为一名教师要勤于、善于学习，吸收前沿科学成果，有宽博的知识面和知识视野等；

---

① 成尚荣：《最高目的》，12 页，上海，华东师范大学出版社，2017。

② 黑晓佛：《回归生命 走向生活——当代道德教育的精神品格与价值自觉》，6 页，北京，人民出版社，2012。

"能"即有较强的教学能力，包括教材处理、课堂驾驭、课程开发、艺术施教等能力。当我们达到这些应有的水平的时候，教育理想和一些现实的矛盾自然就会解决。当然，这种解决是建立在实事求是、不同层次、不同要求的基础上的。关于学生我们不再论述。而对义利问题，德育文化也应该加以引领。义与利是一个传统问题，也是长期困扰教师队伍的问题。随着经济的发展特别是教师整体待遇的提高，这个问题虽然已经不具有"生存"的严重性，但也是影响教师情绪的大问题。德育文化认为，作为一名教师任何时候都应正其利当谋其义，就是以义率利，义利兼得，以义当先。决不能因利忘义，更不能损人利己。更高的境界应该是既谋生存之利，更谋学生、学校、社会发展之利，既谋个人之利，更谋学校、社会之利。具体到人际关系，我们一直主张合作，这既是现代社会发展的需要，也是个人道德境界提升的需要。我们还主张人事关系简单化，教师之间、教师与领导之间、教师与学生之间要坦诚相待，要包容宽容，要相互激励，从而使学校内部产生一种大和谐，并使这种道德推动学校的发展，这些都是道德文化建设所应具有的方向。

第三，评价功能。任何道德要求，如果没有评价做支撑，往往都是空的、无效的。道德文化作为一种价值积淀、精神崇尚，对人的道德行为有一种自然的评价功能。比如，见义勇为是我们民族道德文化中所崇尚的行为。作为学校的教师，有其道德要求；作为学生，也有其道德要求。比如，道德文化要求教师，要公正地对待每一位学生，如果教师在教育教学中，善待学习优秀的同学，怒对学习相对较弱的同学，这显然不符合教师道德文化的要求，从而引起人们的不满、家长的诟病也就属于正常了。学生的行为也如此。有学者指出，任何一项伟大事业的背后都存在着一种支撑这一事业并决定这一事业成败与否的无形的时代精神。我认为无论是社会还是学校，所谓支撑这一伟大事业精神的就是道德文化。这种文化总是通过自身的力量来引导人们的行为，通过评价机制来矫正人们的行为。当然，道德文化的约束功能、辐射功能等，是一切文化所固有的功能，我在其他著作中已经做了专门的阐述，这里就不再赘言。

二、"礼善"与道德文化建设 >>>>>>>

从上述道德文化的作用来看，对于我校的发展来说，建设"礼善"道德文化是学校发展的基础与核心。那么，我校"礼善"道德文化建设的基本路径又是什么呢？

建设道德文化的基本路径，其实很简单，就是由制度到自觉。

制度即规程，一般泛指规则或运作模式，是规范个体行动的一种社会结构。这些规则蕴含着社会的价值，其运行彰显着社会的秩序文化。具体到教育，宽泛的制度应该包括《中小学生守则》以及各个学校根据学校实际发展所制定的对师生的具体要求等。从《中小学生守则》的内容来看，共九条，其要求为爱党爱国爱人民、好学多问肯钻研、勤劳笃行乐奉献等，全面而具体。因此我认为守则是要求，是制度，而不是问题。教师也有《中小学教师行为规范》，对思想行为、仪表行为、教育教学行为、人际行为规范都做了具体的要求。另外，修订版的《中小学教师职业道德规范》，于 2008 年 9 月 1 日由中华人民共和国教育部颁布实施。《中小学教师职业道德规范》共计六条，同样在道德上对教师进行了要求。比如，第二条为"爱岗敬业。忠诚于人民教育事业，志存高远，勤恳敬业，甘为人梯，乐于奉献。对工作高度负责，认真备课上课，认真批改作业，认真辅导学生。不得敷衍塞责"；第五条为"为人师表。坚守高尚情操，知荣明耻，严于律己，以身作则。衣着得体，语言规范，举止文明。关心集体，团结协作，尊重同事，尊重家长。作风正派，廉洁奉公。自觉抵制有偿家教，不利用职务之便谋取私利"。这是新时代对教师的要求，遵循这些要求，教师的道德思想境界必然得到极大的提升。2014 年 9 月 9 日，习近平到北京师范大学看望一线教师，向全国广大教育工作者致以节日祝贺。在和北京师范大学师生代表座谈时，习近平谈到，做好老师，要有理想信念、道德情操、扎实学识、仁爱之心，把自己的温暖和情感倾注到每一个学生身上，用欣赏增强学生的信心，用信任树立学生的自尊。在对教师提出的四项要求中，首要的就是理想和道德，这"四有标准"同样应作为我们每位教师的行为规则。我校结合学校的实际发展需要，以建构书院德育文化为己任，以"开放""民主"和"务实"为核心，界定并挖掘了以"五有惠贞人"为主旨的"礼善"文化内涵；

制定了《惠贞书院教师尊重学生 100 条》《惠贞书院师生礼仪手册》，规定了学校师生言谈举止应遵守的规范，提升了学校德育管理品质，为道德文化的建构打下了制度基础。

　　当一所学校依据时代要求、学校发展等要素，制定了师生应该遵守的道德规范、道德制度以后，其行为的自觉则是道德文化形成的关键。自觉，顾名思义，自己感觉到，自己有所察觉，是指自己对行为规范、制度等有所认识而主动去做。人做某事，了解某事是怎样一回事，此是了解，此是解；他于做某事时，自觉其是做某事，此是自觉，此是觉。①自觉即内在自我发现、外在创新的自我解放意识。它是人类在自然进化中通过内外矛盾关系发展而来的基本属性，是人的基本人格；它是人一切实践行为的本质规律，表现为对于人自我存在的必然维持及发展。总之，自觉是觉悟后的一种自我行动。制度、规范建立以后，如何引导师生达到自觉呢？价值认知是前提，也就是说一个人只有了解了规范制度对学校发展、对自身道德形成、对个人发展的意义之后，他才会去执行。认知是一个过程，它总和自己的经历、经验相联系。皮亚杰认为，人的认知从来不是一种空白，而是一种结构，即心理组织，这个组织是动态的机能组织。它具有对客体信息进行整理、归类、改造和创造的功能。认知结构的建构是通过同化和顺应两种方式进行的。同化即主体将环境中的信息纳入并整合到已有的认知结构的过程。同化是主体过滤、改造外界刺激的过程，通过同化，主体加强并丰富原有的认知结构，同化使图式得到量的变化。顺应即当主体图式不能适应客体要求时，就要改变原有图式，或创造新的图式，以适应环境需要的过程。顺应使图式得到质的改变。同化表明主体改造客体的过程，顺应表明主体得到改造的过程。通过同化和顺应人们建构新知识，不断形成和发展新的认知结构。图式理论强调人的认知的主动性。总之，人的认知的提高是一个不断同化、顺应进而达到平衡、达到提高的过程。道德认知也一样，一个人对任何问题都会有自己的判断，但当外在的意识和自己的认知产生冲突的时候，要有一个同化、顺应、平衡的过程，当认知达到平衡后，就会把适应自己的因素纳入自己的道德认知结构，这个时候会知道自己怎样做才是适合的。所以，道德自觉的形成，其道德认知是基础。当师生有了

---

　　① 冯友兰：《活出人生的意义》，293～294 页，北京，中国友谊出版公司，2017。

一定的道德认知以后，对道德规范、制度的执行还不一定到位，因为人都有一种惰性，面对不同的情况就要区别对待，但严格要求则是形成道德自觉的关键。我们不难发现，有的学校确实有着严格的管理制度、奖惩制度，有着完整的道德规范，但为什么学校环境并不美观，学校秩序并不良好，学生道德行为并不规范呢？因为，这样的学校只是把制度规范写在纸上、贴在墙上，但从来不执行或者不完全执行，有的在执行过程中，对甲严格要求，对乙则放一马，这样的做法怎么能让人们达到道德自觉呢？由此，我也想到道德习惯的问题。叶圣陶指出，教育无他，习惯而已。所谓道德习惯就是自觉地按照道德的要求规范自己的言行。习惯是经反复练习而形成的自觉行为。林格在其《教育就是培养习惯》的序言中说：习惯不是一般的行为，而是一种定型的行为。它是条件反射长期积累、反复强化的产物。具体地说，就是经过反复练习而养成的语言、思维、行为等生活方式，是人们头脑中建立起来的一系列条件反射。这种条件反射是在重复出现且有规律的刺激下形成的，并且在人的大脑中建立了稳固的神经联系，只要再接触相同的刺激，就会自然出现相同的反应。[1] 这里把习惯及其形成已经说得非常清楚了。只有让学生形成道德认知，按照道德规范去做，我们对学生符合道德行为的做法加以鼓励，久而久之学生的道德习惯就会形成。按照王阳明的说法，人人都可以成为尧舜，他这句话的潜台词是，对一件事情，合不合道义，人人心里有杆秤。所以，当学生遵守道德规范的时候，我们加以鼓励，他在行为中就会按照道德规范的要求去做，这样不断地反复，道德习惯就会形成。我们说，文化是生产力发展的产物，是为了满足人的需要而产生的，也是为了调解人与自然的关系、人与社会的关系、人与他人的关系及人与自身心灵的关系而产生的。同样，道德文化也是为满足人们的需要，为了更好地调节人与人、人与自然的关系而产生的。当需要成为人们的一种追求，体现了某种价值的文化也就产生了。学校道德文化的建构也是如此，当全校师生有了某种道德需要，并按一定的道德规范去约束自己时，当这种做法形成了全校师生的价值自觉时，毋庸置疑，学校富有约束力、凝聚力、形塑力的道德文化也就产生了。

---

[1] 林格：《教育就是培养习惯》，序，北京，新世界出版社，2011。

我校建校二十多年来，以"礼善"为核心，围绕"礼善"做文章，制定了严格的道德规范，师生认真遵守，其"礼善"也已作为一种价值，引领、规范着师生的言行，并取得了值得骄傲的办学成就。"礼善"以其巨大的魅力，闪耀着璀璨的文化光辉。

第九章

"礼善"与育人方式

随着论述的深入，我们逐步从宏观层面理解了"礼善"与德育和传统文化的关系，以及建设"礼善"文化路径等问题，在宏观论述的最后一章，我们要论述一下"礼善"建设与育人方式。

一、"礼善"的德育基础 >>>>>>>

对于一所学校来讲，道德教育必须和大时代接轨，时代的道德要求是学校道德培养的重要因素。但是，学校的道德教育也必须和自己的办学理念、培养目标相结合，这样道德教育才会全面而有效。对于我校来讲，社会道德和学校道德培养的观念要求、思想指导，构成了学校道德教育的基础。当然，基础的核心是"立德树人"，那么，具体到我校道德教育的基础是什么呢？

基础一：社会主义核心价值观。我们知道德育的重要内容就是价值观教育。价值观是推动并指引个人做出决定和采取行动的原则、标准，是个性心理结构的核心因素之一，它决定人生定位和追求趋向。价值观反映了人对客观事物的是非及重要性的评价，是对好坏、善恶、美丑、成败、贵贱、贫富、是非、对错的一种基本价值信仰。所以，它也往往决定人们行为的选择，帮助人们确定并实现奋斗目标。我们处在社会主义的发展阶段，作为学校教育，社会主义核心价值观就毫无异议地成为我们德育最核心的基座。社会主义核心价值观是社会主义核心价值体系的内核，体现社会主义核心价值体系的根本性质和基本特征，反映社会主义核心价值体系的丰富内涵和实践要求，是社会主义核心价值体系的高度凝练和集中表达。价值观，之所以以"核心"修饰，是说明它的重要性、决定性地位。邓小平曾说任何一个领导集体都要有一个核心，没有核心的领导是靠不住的。这显然说的是领导核心，我们联系一下社会主义道德建设，如果没有一个核心观念，价值就会错乱，甚至走向危机。改革开放 40 多年来，我们的经济建设取得了举世瞩目的成就，但社会上也出现了一些道德问题。教育同样在价值观教育中出现了迷失，就如樊浩所指出的那样，中国教育仍面临一些问题，教育与经济，缺乏必要的距离，与社会缺乏必要的紧张，与文化缺乏必要的什么关联。① 这些问题最主要的表现是我们的教育趋附于市场经济和社会关系，缺少了自己的价值引导和超越的本性，在社会经济大潮中迷失了道德教育的"自我"。而社会主义核心价值观恰如一盏明灯照亮了学校道德教育之路，给我们指出了正确的方向，使我们不再迷失方向，不再失去自我，它更是一种基础，引领我们为学生的成长打牢道德根基。

社会主义核心价值观的表述为富强、民主、文明、和谐，自由、平等、公正、法治，爱国、敬业、诚信、友善，即核心价值 24 字。具体分析：富强、民主、文明、和谐是国家层面的价值目标；自由、平等、公正、法治是社会层面的价值取向；爱国、敬业、诚信、友善是公民个人层面的价值准则。富强、民主、文明、和谐是我国社会主义现代化国家的建设目标，也是从价值层面对社会主义核心价值观基本理念的凝练，处于社会主义核心价值观中的最高层，对其他层次的价值理念具有统领作用。自由、平等、公正、法治是对美好社会的生动表述，也是从社会层面对社会主义核心价值观基本理念的概括。它反映了中国特色社会主义的基本属性，是我们党矢志不渝、长期实践的核心价值理念。爱国、敬业、诚信、友善是公民基本道德规范，是从个人行为层面对社会主义核心价值观基本理念的总结。它覆盖社会道德生活的各个领域，是公民必须恪守的基本道德准则，也是评价公民道德行为规范的基本价值标准。由于这个层面对学校德育更直接，所以有必要进行说明：爱国是最深沉的一种情感，是一种高尚的道德情操，它基于个人对祖国的依赖关系，是调节个人与祖国关系的行为准则。爱国要求人们以振兴中华为己任，促进民族团结、维护祖国统一、自觉报效祖国、维护祖国尊严，为祖国

---

① 樊浩：《现代教育的文化矛盾》，载《北京师范大学学报（社会科学版）》，2005(4)。

的利益敢于牺牲自己的利益。在日益发展的经济全球化的格局中，我们必须清楚地认识到，爱国教育不仅不能放松，而且必须加强，否则有些投机分子，会在许多冠冕堂皇的活动中，出卖民族的利益。敬业是一种精神，一种态度，是对公民职业行为准则的价值评价，它要求忠于职守，克己奉公，服务人民，服务社会，充分体现了社会主义职业精神。诚信即诚实守信，它是一种道德品质，一种做人的基本底线，也是我们民族、人类社会千百年传承下来的传统，在日益频繁的商业活动中，在变化急速的社会生活中，它依然是道德教育的重要内容。它强调诚实劳动、信守承诺、诚恳待人。友善是一种姿态，一种文雅，一种风度。它强调人与人之间要互相尊重、互相关心、互相帮助，和睦友好，努力形成社会主义的新型人际关系，促进社会和谐。

总之，社会主义核心价值观是任何一个公民判断是非的标准，是我们的行"礼"向"善"的行为指南。

基础二：核心素养。道德素养是一个人素养的核心，是人之为人的出发点。一个道德素养不高甚至很差的人，无论多么有才能也不会给社会带来什么有价值的东西，甚至带来危害。可谓道德是人的第一通行证。但遵守道德，一定是坚持"礼善"的。关于核心素养，前面已经着墨很多，我这里要说的是，核心素养的核心是立人，是让学生具有"人文底蕴、科学精神、学会学习、健康生活、责任担当、实践创新"。核心素养不是凭空捏造的，而是我国教育学者经过多学科、多领域的研究，参考世界多个国家对人才成长的要求协同研究的结果而提出的，它既立足于传统文化，又接轨于国际教育的新愿景。正如成尚荣在《核心素养的中国表达》中所指出的那样：核心素养是智慧的合金。尽管智慧命题具有世界性，但在中华文化传统中，智慧的阐释更闪耀着智慧的色彩。因此，用智慧来解读、阐释核心素养，必定使核心素养的表达有中国的风格。智慧包含着核心素养的基本内涵，用智慧来解说更能体现核心素养的主要特征。[①] 成老师主要说明，核心素养是中国人的智慧表达，核心素养体现了中国人的教育智慧。

核心素养以科学性、时代性和民族性为基本原则，以培养"全面发展的人"为核心，分为文化基础、自主发展、社会参与三个方面，六大因

----

① 成尚荣：《核心素养的中国表达》，3～4 页，上海，华东师范大学出版社，2018。

素，它构成了人才成长的基本结构，我们可以从它的具体规定中看出其在学校德育中的基座作用。

核心素养的第一大方面是文化基础，文化是人存在的根和魂。它主要包括人文底蕴和科学精神两项内容。一是人文底蕴，主要指学生在学习、理解、运用人文领域知识和技能等方面所形成的基本能力、情感态度和价值取向。具体包括人文积淀、人文情怀和审美情趣基本要点。这个叙述看起来和德育无关，实际上它所体现的"情感态度""价值取向""人文情怀""审美情趣"等表述，正是德育的重要内容。二是科学精神，其所要求的"理性思维、批判质疑、勇于探究"的求真意识、职业操守是我们必须遵守的道德规范。

核心素养的第二大方面重在强调能有效管理自己的学习和生活，认识和发现自我价值，发掘自身潜力，要有明确的人生方向。具体包括学会学习和健康生活两项内容。其中学会学习中的"乐学善学、勤于反思、信息意识"其本身既是品格要求，也是学会学习的基础。而具体到健康生活中的"珍爱生命、健全人格、自我管理"都是学校德育工作的着力点。

核心素养的第三大方面是社会参与。我们知道人是社会的产物，社会性是人的本质属性，道德是在人与人之间的社会交往中，为了维护社会的正常运作和发展而形成的。这一重要方面，重在强调能处理好自我与社会的关系，养成现代公民所必须遵守和履行的行为，增强社会责任感，提升创新精神和实践能力，促进个人价值的实现，推动社会的发展和进步，发展成为有理想信念、敢于担当的人。这些阐述，基本上是人在社会交往中的道德要求，而理想信念、担当精神、人与自我、人与社会的关系，本身就是德育的应有之义。因此，仅从这三大方面我们就不难看出，核心素养指向的基本路径是"立德树人"，而"立德树人"的前提是对人的道德品格的锤炼，道德素养的提升。成尚荣说：习近平总书记说，国无德不兴，人无德不立。不立德，就不能树人。要通过立德去树人，这就是由道德的重要性所决定的。德国教育家赫尔巴特说，道德普遍地被人认为是人类的最高目的，因此也是教育的最高目的。教育事业首先是道德事业，一如美国教育家内尔·诺丁斯所说，一个在伦理上有考虑的教师，首先是道德教师。道德事业，超越了教育是科学、教育是艺术的认知，科学、艺术，倘若没有道德的充盈和支撑，就不可能是真正的教育；同样地，道德教师超越了学科，所有学科教师都应该首先是道德教师。北京十一学校联盟总校校长李希贵说得好，教师不是教学科的，是教人的。① 这里指出了核心素养的实质，以及作为教师的任务。对于核心素养的认知还在不断地发展中，但作为一个接轨于世界教育的核心理念，它毫无争议地将形塑我国的教育发展，勾勒未来教育的发展途径，当然，它更应该成为学校德育的基础。

基础三：中西技术融合。科技改变世界，随着互联网、大数据、人工智能技术的发展，新的科技革命已经出现。如今的世界，是一个相互促进、相互交融的世界，任何一个国家不可能关起门来搞建设，也搞不成建设。习近平提出了"一带一路"倡议，随着它的深入展开，中国必将加快融入世界、引领世界发展的进程，也必将为世界的发展、人类的进步书写壮美的华章。"一带一路"坚持"共商、共建、共享"的原则，展现了中华文化天下大同、包容、和谐的内涵，引领新技术条件下世界发展的大势。在经济全球化的过程中，思想意识、道德观念、思维形式、行为习惯也必定产生碰撞、互鉴，这是不可扭转的历史潮流。而教育在这一潮流中不可能置身事外。知识时代的教与学包括：协作与合作；权利与共享，讨论达成共同的目标；参与管理(管理学习而不是课堂)；创新及掌握知识；制订适合个人及他人的学习规划；创新与创造；冒险与进取；适应及处理复杂问题的能力；自我认识与自我评价；自我管理和自主学习。② 这里作者以敏锐的眼光，指出了知识时代学习的特点。这些特点都充分体现了道德要求，比如协作和共享，协作本身就是一种品质，共享需要宽阔的胸怀，这都是道德教育的基本内容。

随着经济全球化的发展，科学技术的进步，我国传统道德的重建刻不容缓，作为学校参与、实施道德重建负有义不容辞的责任，某种程度上我们应起到中坚的作用。在这种重建中，我们必须有清晰的路径，就是中西融合。也就是说，我们的道德重建要在坚持继承优秀传统道德的基础上，吸取符合社会发展的道德理念，既要坚持文化自信，也要吸收世界上一切优秀的道德文化成果，从而形成我们自己的道德教育体系。具体在个人与集体的关系中，我们要以集体的利益为重；在义与利的关系中，我们要更重义；在奉献与索取的关系上，我们要更重奉献；在自

---

① 成尚荣：《核心素养的中国表达》，10～11页，上海，华东师范大学出版社，2018。
② ［澳大利亚］大卫·沃纳：《知识时代的学校》，189页，北京，北京出版社，2007。

由与纪律的冲突中，我们要更重纪律；坚守诚信为人，坚持自由平等，坚持科学求真理念等，这就是中西技术融合的应有之义。这种技术融合是全方位的，在民族道德文化重建的过程中，必将发挥积极的作用。

对于道德建设的基础还有传统文化、礼善文化、书院文化、人本观念等个别问题，我已经在本书或另外的著作中做了论述，这里就不再解释。

二、"礼善"与育人方式 >>>>>>>

德育在传统的儒家文化中，构成了系统的方法体系。比如注重循序渐进，注重榜样的力量，注重知行合一等，对于这些我们必须继承和发扬。那么，在当下，我们在德育中应注重采用什么方法呢？

第一，说理。所谓的说理就是讲道理，它是德育的基本方法。说理的目的在于提高对某种行为的认识。荀子曰："行之，明也，明之为圣人。"意思是说，做事情要明白，明白做事情的道理就是圣明的人了。认识是行为的先导，人们只有弄清了做事情的道理，才会产生相应的行动。在我们的德育中，为什么学生不喜欢教师的说理呢？这是因为，很多时候，我们看似在给学生讲道理，其实只是在说教。说理需要有力量，道理讲得要透彻，要能够分析这件事可以做或不可以做的原因，要能够分析事物的实质、原因、意义、作用等。说理不是絮絮叨叨，不是今天这样讲明天还这样讲。一句话说理不是说教。说理和说教是不同的。说理重在令人信服，它是循循善诱的交流、沟通的姿态；说理的方式是多种多样的、鲜活的，是密切联系实际问题，为了解决实际问题的；说理是辩证、联系、发展和全面地看问题，而不是静止和片面的；说理的目的是为了获得学生的理解，让学生接受教师的看法；说理时教师要注意技巧和方法的运用；教师要依赖哲学、逻辑、事实的力量来说理，站在哲学的高度，运用逻辑思维，分析、综合、判断、推理，得出令人信服的结论；说理时教师必须提供事实、知识，讲真话，有条理，语言明晰；说理时教师要动之以情，晓之以理，导之以行。而说教是机械的、生硬的，是勉强、生拉硬扯、拘泥死板、空谈理论的；说教往往只说不做、不联系现实、不解决实际问题；说教时教师常常以教训人的口吻，自大、卖弄，有时居高临下，板着面孔，老生常谈，"填鸭"式灌输，不仅不能引起学生的共鸣，甚至让人厌烦。有些教师看似语重心长地善于说理，实际上是在喋喋不休地说教。当然，说理还必须富有穿透力，必须有新颖感、鼓动性。这就需要教师不断地学习新理念，不断地用新知识充实自己。那种夸夸其谈的老掉牙的道理在知识传播迅速的今天，学生并不愿意听。教师还需要具备一定的学识，这种学识能够对学生道德的认知有所启迪，对学生的道德行为能够引导，那种平淡的思想、陈旧的意识是不能打动学生的。我们经常说德育力，若对问题没有独特的见识，无论你采用什么样的方法，其力量也是不能显示出来的。当然，若想进行有效果的说理，教师还要把握机会和使用技巧，《礼记·学记》中有一段话说得好："道而弗牵，强而弗抑，开而弗达。道而弗牵则和，强而弗抑则易，开而弗达则思。和易以思，可谓善喻矣。"意思是说要引导学生而不要牵着学生走，要鼓励学生而不要压抑他们，要指导学生掌握学习门径，而不是代替学生做出结论。道而弗牵，师生关系才能融洽、亲切；强而弗抑，学生学习才会感到容易；开而弗达，学生才会真正开动脑筋思考。教师做到这些就可以说得上是善于诱导了。说理不能生硬而要循循善诱，这是古人说理的智慧，对于今天的我们仍然具有十分重要的意义。

第二，示范，即榜样示范。在德育中，采用什么样的方法，和学生的情况及当时的情景及时代要求是有着必然联系的。我们说榜样的力量是无穷的。"三人行，必有我师焉。择其善者而从之，其不善者而改之。"榜样以其先进思想、优良品质和模范行为来影响学生的思想品德。榜样在学生的成长中，有着其他方面不能替代的作用。示范教育方法，越是年龄小其作用也越大，因为青少年具有较强的模仿能力。塞缪尔·斯迈尔斯在《品格的力量》中说：不管是年轻人还是老年人，他们都会情不自禁地模仿与之朝夕相处的伙伴；不过，这种模仿能力，年轻人更甚于老年人。为了指导自己的儿子，乔治·赫伯特的母亲说了这样一句名言，正像我们的身体从我们所吃的食物中吸取有益的营养一样，我们的灵魂也会从我们所接触到的好或坏的伙伴的行为和语言中吸取美德或邪恶。[①]这里指出了模仿是人的天性，年龄越小模仿的能力越强，模仿有好有坏，这是我们应该注意的。而我们所说的示范显然是为学生提供正面的、具

---

① ［英］塞缪尔·斯迈尔斯：《品格的力量》，刘曙光、宋景堂、李柏光译，62页，北京，北京图书馆出版社，1999。

有正能量的人物和事件。为学生提供榜样本身就蕴含着价值观的教育。谈到这里，我不得不说，当下，一些别有用心的人，对英雄人物进行丑化的问题。比如，丑化"狼牙山五壮士"、邱少云等，我们说这些英雄人物的事迹、形象和精神价值，已经成为我们民族共同记忆和民族感情的一部分。有些别有用心的人，以学术研究、商业营销活动等手段，以互联网媒体为主要工具，诋毁、侮辱、诽谤这些英雄人物，丑化他们的形象，贬损英雄人物的名誉，削弱他们的精神价值，这是非常恶劣的。作为以育人为志业的教师必须保持警惕，并同这种行为做坚决的斗争。天地英雄气，民族浩然风。我们中华民族有同自己的敌人血战到底的气概，有在自力更生的基础上传承民族优秀文化的决心，有自立于世界民族之林的能力。回顾历史，每当中华民族和国家出现危难时，总有许多英雄人物挺身而出，不惜抛头颅洒热血，为人之不敢为，当人之不敢当，挽狂澜于既倒，扶大厦于将倾。他们顶天立地、光耀千秋，是民族的精神脊梁，也是社会的价值标杆。同时也是我们向学生提供的榜样的一部分，因为，他们代表了我们的民族精神，代表了我们民族的价值追求。当然，英雄人物作为学生的榜样示范是德育的重要内容，而努力奋斗的科技精英比如钱学森、钱三强、屠呦呦、黄大年等，也应是我们向青少年提供的榜样，还有为国争光的体育精英比如女排、游泳健将等。这些示范性人物，由于有的离我们很近，有的活在当下，其影响作用往往更大。但是，我们一定要排斥缺少内涵和美德的负面人物所带来的负面影响。向学生提供具有奋斗精神、正直品格的示范人物，是我们的责任。因为，它事关学生的人生追求，事关我们的未来。我们说榜样的形象最直观，让人看得见、摸得着；榜样的力量最强大，感人肺腑、摄人心魄；榜样的影响最恒久，能够穿越岁月、光照未来。有榜样才有方向，才会力量倍增，但是，当我们引导学生学习英雄、英模人物、科学家、为国争光的健将甚或有责任感的商业精英的时候，我们也不要忘记距离学生最近、示范作用最强的身边的榜样，他们的作用也是巨大的。所以，我校一直以来便评选各种校园模范人物，比如，"校园十佳学生""学习标兵""创客达人"等。因为模仿往往是潜意识发生的，榜样的影响是不知不觉的，然而，这种影响也是极为持久的。事实上，与人打交道而又不对我们的品格形成产生强有力的影响，这是根本不可能的。因为人是天生的模仿者，每一个人对他的伙伴的言语、行为、步伐、姿态和思维习惯都会或多或少地留下印象……样板是人类的学校。① 样板和示范具有极大的教育作用，我们必须认真选择，必须加以有效运用。每一个英雄人物往往就是做人的标杆，对人的价值形成、情感倾向、生命意志有着难以想象的作用。

第三，陶冶。陶冶顾名思义指烧造陶器，冶炼金属，比喻对人的性格进行熏陶。陶冶是一个过程，它讲究艺术高超，讲究自然的化育功能。陶冶不是强制，而是影响；不是疾风暴雨，而是润物无声。情感陶冶，是教育者有目的地利用环境或者创设一定的情境，对受教育者进行积极影响使其耳濡目染，心灵受到感化的一种方法。这种方法的特点是利用了情境暗示和感染作用，将理与情、情与境融为一体，使受教育者在不知不觉中受到潜移默化的影响。我国古代的教育素有陶冶的传统，即把教育过程作为对学生进行情感陶冶的过程。儒家所倡导的"教化"，虽然和我们今天所讲的情感陶冶有所不同，但是"教"要通过"化"显然有了陶冶的因素。"教化"，古人的解释即"上所施下所教也"，即下者通过上者的教育感化，接受一定的价值导向，使内在的灵魂、精神发生深刻的变化，从而形成良好的品德修养。② 情感陶冶具有宽泛的教育内涵，教育是人的灵魂的教育，而非理智知识和认知的堆积，教育过程首先是一个精神成长的过程，然后才成为科学获知过程的一部分。③ "内部灵性"的生成，"精神成长"非陶冶不能达成。陶冶除了情感陶冶以外，还有多种方法，凡是注重德育的过程，注重情境设置，通过对学生熏陶而不是强制性的教育行为都属于此类。比如，教师在教育教学中，在和学生的交往中，能够以诚待人，能够以身作则，能够包容别人，严格要求自己，教师这样做，对学生能产生比较大且无声的影响，这种影响应该是人格性质的，我们就可以称之为人格陶冶，并且这种影响应该是持续或者是深刻性的。颜渊对孔子是赞佩不已的："仰之弥高，钻之弥坚；瞻之在前，忽焉在后。夫子循循然善诱人，博我以文，约我以礼。欲罢不能，既竭吾才，如有所立卓尔。虽欲从之，末由也已。"这段话的意思是，颜

83

---

① ［英］塞缪尔·斯迈尔斯：《品格的力量》，刘曙光、宋景堂、李柏光译，62 页，北京，北京图书馆出版社，1999。

② 曹明海：《语文陶冶性教学论》，13～14 页，济南，山东人民出版社，2007。

③ ［德］雅思贝尔斯：《什么是教育》，邹进译，430 页，北京，生活·读书·新知三联书店，1991。

渊感叹地说："(对于老师的学问与道德)我抬头仰望，越望越觉得高；我努力钻研，越钻研越觉得无可穷尽，看着它好像在前面，忽然又像在后面。老师善于一步一步地诱导我，用各种典籍来丰富我的知识，又用各种礼节来约束我的言行，使我想停止学习都不可能，直到我用尽了全力。好像有一个十分高大的东西立在我前面，虽然我想要追随上去，却没有前进的路径了。"这就是孔子的人格魅力对学生的吸引和影响。孔子可以说是孜孜不倦的学者、知人论世的知者、兼善天下的仁者、乐天知命的通者。这也是他高尚的人格因素，他的这种人格对学生的触动、感化应该说是很强烈的，这也是人格的陶冶。具体的情感陶冶的方法更多，比如，我们对事情表达我们的爱憎分明的感情，能够影响学生；引导学生体会文学作品的情感，本身就是一种情感陶冶；和学生共同看影视作品，并和学生进行交流，也是一种情感陶冶；和学生一起参加对某些问题的讨论，表达自己对问题的看法，也是一种情感陶冶。这里，我要特别强调，人文作品阅读对学生情感的陶冶进而影响其道德人格的作用是很大的。鲁洁说：人文学科实际上是人与人之间的一种心灵的对话与交流，是个体的人——学生与教学材料之中的历史的人在精神上的对话与交流。通过这种对话与交流达到两者的融合。一方面是学习者融合于学习材料之中，可作为学习材料的各门人文学科有价值的成果中蕴含着丰富的人性，显现人的本质。它向人倾诉的是作为作者的人对人的价值、人的信仰、人的意义之认识，他对人的精神之探索以及人的提升之追求……可以扩大学习者对人生觉悟的视野，提高对人生感受与体验之敏锐性与深刻性，把人类精神发展的成果转化为学习者的精神能力，据此得以超越自我有限的个别性，获得普遍的品质。① 可见人文学科的作品阅读对学生道德形成的陶冶作用。

第四，网络，即网络教育法。当下，任何交流、交往、教育都离不开网络。道德教育也是如此。网络以其便捷、巨大的信息量开辟了网络德育的新空间、新天地。但如何利用网络开展德育，还是一个新的课题。细细想来有这样几种网络的德育方法。①学校根据实际需要，可以开设道德网站，网站可以由教师专门负责，向学生提供德育信息，提升学生参与道德学习的兴趣，比如，英模人物的介绍、学校好人好事的介绍、

① 鲁洁：《当代德育基本理论探讨》，250～251页，南京，江苏教育出版社，2003。

祖国及当地道德人物及影响学生道德形成的事迹的介绍等。②开设网络道德论坛，论坛除了学生积极参与以外，教师和家长也可以和学生展开互动交流，提倡优良道德，抨击不良行为，探讨社会热点问题，这将对学生的道德形成产生良好的作用。③开设网络信箱，解决学生道德中存在的问题。网络信箱可以让人们单独交流，避免了师生面对面的尴尬，有利于克服学生的心理障碍，便于师生沟通，教师还可以针对个别问题答疑释疑，也会取得良好的效果。④建立德育网站，开辟新的德育课堂。⑤网络德育情景模拟，针对某一德育主题，设计虚拟校园、社区、家庭，让学生进入其中活动，进行道德体验，如以"竞争与合作""知法守法""道德警戒线"等为主题设置活动，通过仿真实验使学生身临其境、设身处地去感受某种做人的道理，把德育工作与社会实践结合起来。网络是一个大世界，网络德育是一个新事物，而青少年天生就对新事物充满好奇心，拥有其他群体不具备的快速接收能力。互联网在青少年眼中是"万花筒"，充满无限吸引力。我们要悉心计划，用智慧开拓这一良好的德育空间，为孩子的道德成长搭建一个良好的平台，促进学生优良道德的形成。

　　总之，德育方法的选择，既和形势的发展，和社会对人们的道德要求有关，也和道德教育者的品质相连，我们只有真心实意为学生的道德成长着想，才能选择和创造出适合学生成长的德育方法，以"礼善"为核心的学校文化才能落实到位。

实践篇

知行合一是我们的传统。前几章我们对道德建设问题进行了梳理论证，具体以"礼善"为核心的我校道德文化是如何建构的，这是下面几章所论述的重点。

第十章

"礼善"作为一种实践追求

　　我们用九章的篇幅论述了"礼善"和道德等宏观问题，下面我们将进入"礼善"文化建设的实践阶段。

　　"礼善"作为我校文化建设的核心，具有支柱性作用。礼为规范，善为德性。遵礼以达善为目标，行善以遵礼为规范。礼善合一，塑造完美的人格。

一、"礼善"与人生幸福 >>>>>>>

　　"礼善"作为一种文化，我们有必要探究它和人们幸福的关系。

　　"礼善"作为一种规范和利他的行为，它指向的是群体、社会和自我的和谐。它以道德为支点，倡导一种以生命契合为主要特征的人际伦理，追求一种以社会和谐为主要价值取向的秩序。只有遵礼才能致善，只有遵礼才能达善；而善是礼的最高追求，两者是相辅相成的关系。社会的和谐发展，就是"礼善"两种力量交替作用的结果。我校以"礼善"作为核心文化，其目的就是要求师生具有一种创造社会和谐的心胸，有担当重任的"义"之精神。要使"礼善"精神充盈于我们的血液，变成我们的行为指南、生命的自觉，成为我们灵魂的重要因素，它需要淬炼，需要境界的逐步提升。

　　由此，我又想到了人生幸福问题。幸福是人人追求的目标，而幸福是什么？这个问题是没有标准答案的，因为幸福是一种感觉，是生命意义得到实现的鲜明感觉，幸福主要是一种内在的快乐状态。[①] 而这种"内在的快乐"是由外在的情境所决定的，比如，现在很多地方特别是中亚地区不少国家处在战乱之中，某些国家经历了一连串的恐怖事件，不管这些国家的物资如何丰富，人们如何富裕，生活于这些国家的人民，整天处在那种恐怖之中，那种失序的状态之中，无论如何是不会感到幸福的。小到家庭、单位，大到国家、世界，都必须按照"礼"——法令、制度、规则、协议来行事，才会有一种秩序，在这种秩序下生活人们才会心安、快乐，也才会有幸福感。由此，我们可以得出一个这样的结论，礼是秩序的保障，也是幸福的保障。没有礼这个约束力，没有规范、秩序，幸福也无从谈起。所以，礼有时候就是一种道德，一种教养，就如人们所说，有道德才能高尚，有教养才能文明，有文明才能幸福。遵礼是一种德行，遵礼要从道德教育入手，要知礼节、分美丑、知善恶、懂对错、明是非、辨真假、识曲直，从内心深处去修炼，作为一种人生追求。当人们都自觉地按礼的规范从事自己的活动，家庭、单位就会形成一种和谐的局面，有了这种和谐人生便会获得幸福的感觉。

同样，幸福是善的产物。可以这样说，自己对他人、对世界的善意是自己内在幸福的保障。人的德性中，有一种帮助弱者或者说帮助他人的天性，比如，我们看到小孩子哭泣，总想逗逗他，让他笑起来；对于乞丐，我们也想给予帮助，这便是人的善的天性。而在付出的时候，我们自己也得到了一种满足和幸福。所以说帮助别人不是单方面的付出，在帮助别人的同时，爱的阳光照耀了别人，而我们也会沐浴其中。善良的人，永远是美好的。再就是和别人的交往中，施与善意，比如，包容别人的缺点，和蔼地对待别人，别人有困难时施与援手，等等。在这种善的施与中，自己也会得到满足，这就是幸福。而不幸的人，恰恰是在人际交往中，针尖对麦芒，争强斗狠的人，他们生怕别人比自己强，看不到别人的好，因此，对待别人总是心生嫉妒，总想使绊子，结果弄得自己整天惶惶然，没有什么幸福可言，因此善是幸福之源。当然与人为善要拥有一颗广博的爱心，只有这样，在帮助他人的时候我们才能体验到生命中的快乐，在满足别人需要的时候，也满足自己内心感情的需要。因此说，与人为善是一种智慧，一种远见，一种自信，是一种正能量，

---

① 周国平：《人生哲思录》，95 页，上海，上海辞书出版社，2011。

是一种文化，更是一种幸福。

当然，"礼善"是有境界的，那么，幸福也是有层次的。当我们自觉地遵礼并有所获的时候，是幸福的；一个集体由于规范、有序取得重大成就的时候，人们幸福的获得感更是强烈的。比如，在多位教师的教导下，曾经的学生后来获得了国际大奖，或者在高科技领域取得了世界级突破，这种在集体规范下获得的幸福和一般的幸福是不能同日而语的。世界只有在规范有序的状态下，人才能够按照一定的秩序取得成功。如果成功能给人幸福感的话，那么，越是大的成功，给人的幸福感越强烈。居里夫人一生淡泊、谦虚，不喜欢世俗的恭维与赞扬，不关心个人的名利与地位。在成功发现镭以后，她不请求专利，也不保留任何权利。她认为，镭是一种元素，应该属于全人类。她向全世界公开了他们提炼镭的方法。把她和她的丈夫花费十几年时间提炼出来的约值十万美元的镭，全部交给了镭学研究所，不取分文。在将镭用于治疗癌症时，她和她的丈夫本可以一夜之间成为百万富翁，但是他们商定，不要他们的发明带来的一切物质利益。她是为了人类的进步和文明而活着，并为人类的文明贡献了毕生的精力，因而她是幸福的，就像雨果所说的：钱包空空时，心灵即丰满。居里夫人的行为，我们可以看作一种善，一种超越自我利益得失的善，正是这种善的作为，她获得别人得不到、不可能理解的道德幸福感。人格的伟大，能够让人获取高层次的幸福。他们得到的是创造的快乐，为集体、为人类贡献的快乐，而绝不是自己个人利益的满足。正如爱因斯坦在评价居里夫人时所指出的那样：我幸运地和居里夫人有20年崇高而真挚的友谊。我对她的人格的伟大愈来愈感到钦佩。她的坚强，她的意志的纯洁，她的律己之严，她的客观，她的公正不阿的判断——所有这一切都难得地集中在一个人身上。她在任何时候都意识到自己是社会的公仆，她极端的谦虚，永远不给自满留下任何余地。[1] 正因为居里夫人有这样崇高的道德，她所获取的幸福也是最纯粹的幸福，即能为人类贡献的幸福，这是我们应该感悟到的。幸福的获得有境界的高低之分，当我们按照集体、社会的规范行事，并且具有乐于奉献之善良之志的时候，我们的幸福才是崇高的。

---

[1] 李申伍：《爱因斯坦哲言录》，17～18 页，长春，吉林教育出版社，1990。

　　追求是心灵的产物，是人生价值的一种体现。当追求与社会的发展和进步紧紧相连时，追求便会产生巨大的精神力量。它是信仰的产物。20多年来，我们惠贞人，一直秉承这一理念，坚守这种追求，取得了一个又一个的成绩。惠贞人也以行为规范、心地慈善的风采享誉社会。节假日的公共场所，有我们师生的身影；各种公益活动有我们的参与；和边远地区的学生结对帮扶作为我们的分内之事。不说我们初、高中各项成绩在宁波市名列前茅，也不说我们在各种比赛中摘金夺银，就说我们的研学旅行、我们的创客教育一直走在不少学校的前面，展示了"礼善"精神的巨大魅力，把其作为我们的坚定追求，我们会更有底气。

　　那么，在学校我们是如何进行"礼善"文化的继承和建设的呢？

　　知礼是文化继承和建设的前提。知礼即知道礼的重要。俗话说，无规矩不能成方圆，礼作为一种规范存在于我们生活的方方面面。家庭中的礼在于尊老爱幼，学校中的礼在于遵规守纪，社会中的礼在于遵守法纪。礼的遵守构成各个层次的规范化的社会生活，使社会达到和谐。在我国，礼深深地根植于人们自然形成的欲望和细腻微妙的情感世界中，它以适宜的方式恰如其分地表达着人们丰富多彩又错综复杂的情绪体验；礼浓浓地贯穿于华夏民族整个演变历程之中，追忆着先民的寄托，体现着今人的渴望，以其特有的方式将国人的过去、现在和未来紧密地联合起来；礼以其独特的礼乐仪式，发挥着文饰和点缀的功用。[①] 这里作者把礼的价值从不同的侧面做了比较详细的概括。确实礼表达着我们"丰富多彩又错综复杂的情绪体验"，比如，尊敬父母是人们的一种自然愿望，而这种愿望，就存在于我们细小的一声叫喊中，一句自然的祝福语中，一次生日的歌声中；师生间也如此，一句叮嘱，一声问好，一个敬礼，一抹微笑，既是爱，也是礼。礼既是仪式，也是文化。我们有着强烈的慎终追远的情怀，如何表达这种感情？人们在节日的祭奠活动中，把这种情感表达了出来，同时也连接了历史的烽烟，表达了生命的承接和繁衍、生命的勃勃生机。荀子说："人无礼则不生，事无礼则不成，国家无

---

　　① 张自慧：《礼文化的价值与反思》，序，1页，133页，上海，学林出版社，2008。

礼则不宁。"可见礼的重要。礼已经渗透在我们生活的方方面面，包括人的一切行为规范，小如礼貌、礼仪，大如法律、制度，无所不包，无所不在，看似烦琐，其实已是习惯成自然。比如，集会需要安静，应接需要规范，说话需要清楚。礼已经是一种文化，不需要刻意，只需要自然，秩序则形成，文明则彰显。

守礼是文化传承和建设的核心。守礼顾名思义即遵守礼教，奉行礼制，言行不变节，不走样。《左传·僖公二十八年》："礼以行义，信以守礼，刑以正邪。"意思是，礼仪用来推行道义，信用用来维护礼仪，刑律用来匡正邪恶。古人把礼和道义的推行结合了起来。从上面我们的分析中可知，礼文化浸透在我们社会的各个层面，它无声地制约着人们的言行，影响、调节着人们的情绪。但是，守礼对于不同的部门有着不同的要求。对于学校来讲，"礼"主要用来规范师生的言行，通过礼形成学校的规范、秩序，通过礼调剂师生、生生等人际关系，从而增强学校的活力，提升学校的文明水平。礼是一个大系统，它涵盖学校工作的方方面面，因此，建立一套规范的制度便成了一所现代化学校所必需的。因此，学校形成以礼为核心的课程体系就显得非常重要。我校把课程设置分为善知、礼乐、惠慈和贞爱四大课程，涉及学术视野类、身心修养类、公民人格类和技艺应用类四类，这四类课程各有侧重，但都指向核心理念"礼善"。在此基础上，还系统设计了《教师分层培养工程方案》《学生成长手册》，修订了《教学工作条例》等与有效教学、课堂文化直接关联的管理制度，制定了《惠贞书院教师尊重学生100条》等。我们始终认为，不管社会发生怎样的变化，也不管由于科技的发展，人们的自由度有多高，社会的规范只能加强，不会削弱。坚守礼是一种信仰，是社会发展所必需的，是人与人交往所必需的，没有以礼统摄的社会，不可能是一个和谐的社会，也不可能是一个文明的社会。中国文化的核心是"和"，这个和不仅指人自己的和谐，更指人与人之间的和谐，人与自然的和谐即天人合一，而达其核心的关键是礼的遵守，没有礼的遵守，就会导致社会的失序、人心的不安，其一切理想都不能实现。因此，坚持任何时候都要知礼、守礼就显得尤为重要。

行礼是文化继承和建设的关键。行礼即按着礼的要求来行事，用礼来规范自己的言行。孔子曰："不学礼，无以立。"以礼塑人，以礼立人，是我们的追求。为了让礼的观念深入人心，见诸行动，学校举行一系列的活动，比如，志愿者活动，每个月开展系列主题教育活动，把以礼塑人融入学校的日常生活中。行礼以尊重为先，尊重别人，成全自己，是我们的一贯要求。行礼就要养成相互尊重、相互学习的习惯，决不能因为自己的言行而影响其他人的活动。比如，教室自修需要安静，进入学习区不大声喧哗，就是一种行礼，同时也是对其他同学的一种尊重，往深处来说也是一种礼德；作为学生回到家中，能够主动安排自己的事情，力所能及地帮助家人做一些家务，这也是一种行礼，同时也表现一种感恩的美好品德；课堂上认真听课，积极回答问题，课下认真完成作业，同学之间质疑、辩难，相互帮助，这也是一种行礼，同时在行礼中学习交往的礼仪，练就相互尊重、相互包容的气度胸怀。行礼其实就是在不同的场合遵守不同的规则，这种规则浅层上来分析则是一种要求，深层来看它根源于天理人情，实质是敬畏之心、爱敬之情。所谓礼之本为仁，礼之质则为敬。一切礼节若没有恭敬之心，都是虚礼；一切仪式若缺乏敬畏之意，都是俗套。孔子曰："君子有三畏，畏天命，畏大人，畏圣人之言。"古人对天地君亲师都怀有真诚的敬畏之心，在他们的眼里天地自然不是无情之物，而是每个人内心深处最美好、最深挚、最久远的情感凝结；在每个个体凝望致敬天地自然之际，这股美好深厚的情感清泉便汇入了人们的心田，潜移默化间滋养了我们的本性之真。"敬人者人恒敬之，爱人者人恒爱之"，山水自然同样滋养着我们，使我们诗意地栖居在这片土地上，我们加以爱护，同样是一种行礼，其他亦然。

虽然"礼善"是相互联系的，但是在"礼"的建构中，"善"也是不能偏废的。我一直在思考，什么样的教育才是最好的教育？对于这个问题，不同的人会从不同的角度做出不同的回答。在"知礼""守礼""行礼"的情境下，培养师生的"向善"性，培植师生的"善根"，应作为良好教育的重要因素，也是形成"礼善"信仰所需要的。

教育的"向善"提供给我们一种路向，促使我们创造一种自由和谐的境界。在我校这片天地里，师生相互尊重，相互关爱，彬彬有礼；内心充满相契的温暖，智慧浸润着每个人的心灵；穿行于远古的时光隧道，感受历史的深厚；留恋于现代的声光电火，了解现实的丰富；生命在追求中蓬勃，知识在展布中呈彩；教师各自充满执着而不固执地探求着，学生人人有热情而不张狂的个性。这里向历史敞开，向自然敞开，向世界敞开，向未来敞开，这里以责任、热情、智慧打通不同的通向远方的路。由此我想到当代学者刘铁芳的话：教育的根本目标就是用知识守护人性，孕育德性，促进个体存在的完满，开启个人生命的尊严感和幸福。[①] 而这一切都是因为"善"的照耀。

善的核心是爱。爱是善的内核，善是爱的表现。有爱才善良，有爱才纯善，世界上没有无爱的善，也没有无善的爱。爱，孔子在《论语》中的表述是"仁"，仁即仁爱。仁丰富着爱，内含着爱。中国文化围绕着"仁"也便逐渐构建了儒家的思想体系。《礼记·大学》中说："大学之道，在明明德，在亲民，在止于至善。"明明德即道德理性的自觉，亲民主要表现为群体的认同，至善是最高的价值目标。个体的理性自觉(明明德)与群体的认同(亲民)最终指向至善。至善是生命追求的最高目标，也是中西哲学的共同特点。在古希腊，柏拉图便已提出了至善的概念，并把它定位为最高的理念；柏拉图同时赋予善以万物本体(本原)的意义，以为善是世界万物所以产生与存在的终极原因，具体对象不过是善的理念之模本或影子。[②] 这里把善提到无与伦比的地位。其实，"至善"也就是至爱。爱意多深，善意就多浓。在我们的日常交往中，人们历来就追求一个善字。比如，待人接物，强调心存善良；与人交往，讲究与人为善、乐善好施；对己要求，主张独善其身、善心常驻。美国作家马克·吐温称善良为一种世界通用的语言，它可以使盲人"看到"，聋人"听到"。心存善念的人，心是滚烫的，情是火热的。善意产生善行，同善良的人接触，往往智慧得以开启，情操变得高尚，灵魂变得纯洁，胸怀变得宽阔。善是一种高贵的品质，是人性的光辉。我校以"礼善"作为核心文化，并把"行明礼致善之道"作为办学理念的重要因素，以"关心他人，充实自己"作为校风，以"以礼率行，以善塑魂"作为教风，强调"尊礼则善，善则尊礼，礼善合一，塑造人格；存礼善之心，有礼善之念，行礼善之举，做礼善之事，成礼善之人，扬礼善之学"。我校把"礼善"作为学校工作的核心，强调人人做善事，说善言，构造以善为核心的文化风采。在此基础上，为了使善的教育更有效，真正打下学生人性的底子，我们采用循序渐进的方法，用社会、身边的人和事让学生感受善；用善的故事、人物激发学生的善；用古今中外名人对善的认识，让学生明白善；要求学

---

① 刘铁芳：《古典传统的回归与教养性教育的重建》，12 页，北京，北京师范大学出版社，2010。

② 杨国荣：《善的历程——儒家价值体系研究》，119 页，上海，上海人民出版社，2006。

生遵循学校规章制度，到养老院、公共场所去服务而行善；让学生通过行为的体验、思考、对比而内化善；让学生最终形成日日为善、时时向善的文化人格。这种增强感知、动之以情、晓之以理、导之以行、内化反思、形成人格层层加深的方法，使善的教育实而不空，教而有效。

在此基础上，我们特别强调教师善的引领、范导作用。教师的善心、善行是学校善的根本，是影响学生、为学生打下善根之底的关键。教师的善心就是一种包容之心，能容忍学生一时的过错，能原谅学生一时的过失。教师的善就是一种耐心，学生的成长是一个过程，在这个过程中，往往会出现很多问题，就像树的成长，需要迎接风雨的吹打，需要接受时间的考验一样，学生只有在实践中的成长，才是坚实的成长，如果我们以对成人的要求来要求学生，往往会揠苗助长，适得其反，只有等待和爱心才能真正使他们逐渐根深叶茂，茁壮成长。教师的善是一种责任，面对学生，责任是一种自律，一种努力，一种追求，一种承担，我们只有认可我们的责任，才会努力工作，才会心思细腻，才会想学生所想，急学生所急，为了学生的一切，一切为了学生，为了一切的学生，我们才会按客观规律办事，为学生的健康成长竭心尽力。教师的善是一种德性，我们的教育界，存在一些这样的教师，比如，大量布置作业，本来应该让学生休息，却倾倒给学生大量的任务，再如，有些学科教师恶性竞争，而不提高自己的业务水平，不提高自己的授课技能等，这些都是教师丧失自己"德性"的表现，这种表现对培养学生的"向善""行善"会适得其反。教师的善是一种对细节的关注，将学生的一言一行都看在眼里，记在心里，将学生的喜怒哀乐都能够切实地把握，将学生的成长背景、成长故事都能烂熟于心，学生出现问题，处理起来手法细腻，恰切自然，入脑、入心、入髓，这既是一种能力，也是一种自觉的善，一种大善。当然，教师的善也是一种品质，一种尊重，一种生命境界。正如陶志琼所说的那样：教师善是教师德性及其体现的核心，主要包括教师对学生的爱与尊重(人格的尊重)，对学生发展的高度责任感，因为教师对社会、人类、国家、民族以及对生命的责任主要体现在对学生的责任和义务上。[①] 国学大师钱穆曾经说过，中国文化说到底是一个字，就是礼。礼是中国人一切行为的准则。离开了礼来谈中华文明，则无从谈起。而善

---

① 陶志琼：《教师的境界与教育》，90 页，北京，北京师范大学出版社，2006。

是一种伟大的品格，是心灵的灿烂辉光，人因为善才感到世间的明媚和温暖，因为善才感到奔涌不息的力量。新的时代，我们需要这种信仰！我们的学校发展需要这种信仰！什么是信仰？"信仰是通达高峰之巅最根本的东西，爱与真理无非是内心信仰的外在之象。"学者肖川指出，没有信仰就没有灵魂，而没有灵魂，一切都将成为没有结局的开始，成为权宜之计，成为得过且过、苟且偷生；没有灵魂，所谓的道德就会沦为一种伎俩：一种逃避责罚和获取奖赏的伎俩。我们的教育实践，都是建基于礼善的信仰之上的。

　　社会已经进入一个伟大的新时代，我们正经历着现代化大潮。中外交汇、古今融合是我们发展的方向，而在这样一个文化重塑的过程中，作为惠贞人，在历史变革中，定准方向，找对方法，为教育的发展做出我们的贡献，就要把"礼善"作为我们的道德追求。这也就要求我们师生要存礼善之心，有礼善之念，行礼善之举，做礼善之事，为礼善之人，扬礼善之学，成礼善之功。

我校的校训是：努力上进，精益求精。这也是我校"礼善"文化的核心内容。努力上进是一种要求，一种趋向，它本质上体现了"善"。"努力"说的是态度，是追求，是内心的渴望，是取得卓越成就的要求，它既是"礼"，又体现"善"；"上进"是要求，是内在的力量。做到努力上进，实现其目标，必须以精益求精为基础，精益求精是行"礼"达"善"的必然要求。

一、精益求精的内涵 >>>>>>>

精益求精比喻已经很好了，还要求更好。《论语·学而》中说："《诗》云：如切如磋，如琢如磨。"朱熹集注："言治骨角者，既切之而复磋之；治玉石者，既琢之而复磨之；治之已精，而益求其精也。"意思是：要像加工象牙和兽骨那样，切了还要磋；要像加工玉石那样，琢了还要磨；加工的已经很精细了，还要更求精细。后用精益求精，说明力求更加精工美好，它体现一种内在不息的精神追求。精益求精是一种职业精神，具有这种精神的人，会努力追求工作的极致和完美；他会目标如一，专心而不旁骛，精进而不息心。它本质上是一种工匠精神。这种精神，来自生产和制造，指的是生产者、设计者在技艺和流程上追求完美和极致，以质量和品质赢得行业领先和消费者信赖的精神。工匠精神体现了一种踏实专注的气质，一种展现极致的心态，一种登上技术峰顶的趋向。在如切如磋、如琢如磨的钻劲背后，是对品牌和口碑的敬畏之心。李克强总理在 2016 年两会上首倡工匠精神，指出，质量之魂，存于匠心，要大力弘扬工匠精神，厚植工匠文化，恪尽职业操守，崇尚精益求精，培育众多"中国工匠"，打造更多享誉世界的"中国品牌"，推动中国经济发展进入质量时代。这里展现出了人们对现实的判断和发展的方向感，为中国企业及各行各业的发展指明了出路。这是大国发展的方向性选择，具有高瞻远瞩的划时代意义。以精益求精为核心的工匠精神，代表着一个时代的气质，它以坚定的态度，展示一种大国应有的求进魂魄。当然，作为以育人为要务的教育，也需要这种精益求精的工匠精神，需要这种追求卓越的精神气质。

精益求精从教育的范畴来讲，它是一种专注精神，一种不懈的追求。专注从本质上来看，既是一种态度，也是一种工作状态。专注的背后是对事物执着的爱，也正因为如此，人才会不懈地去追求，不断地进行探索，并把一件事情做到极致；从另一种角度来说，精益求精也可以叫作一种死磕的精神，一种咬定青山不放松的执着。拿破仑·希尔在《成功学全书》中，把"专注"称为"成功之钥"，指出凡事专注必能成功，"专心"就是把意识集中在某个特定欲望上的行为，并要一直集中到已经找出实现这项欲望的方法，而且成功地将之付诸实际行动为止。我们说，一个人专注在学习中才能够深度思考，并在对事物层层深度挖掘中探寻事物的本质，并深扎于某一个领域，从而创建或做出前沿性奇迹。中央电视台《大国工匠》栏目介绍了被称为火箭"心脏"焊接人的焊接工高凤林。他多次参与国家重点工程，一次次攻克发动机喷管焊接技术世界级难关，出色完成亚洲最大的全箭振动试验塔的焊接攻关，修复图-154飞机发动机，还被丁肇中教授钦点，成功解决反物质探测器项目难题。他的绝活不是凭空而得的，功夫也是练出来的。高凤林有时吃饭时还拿筷子练送丝，喝水时端着盛满水的缸子练稳定性，休息时举着铁块练耐力，冒着高温观察铁水的流动规律。为了保障一次大型科学实验，他的双手至今还留有烫伤严重的疤痕。为了攻克国家某重点攻关项目，近半年的时间，他天天趴在冰冷的产品上，关节麻木了、皮肤青紫了，他甚至被戏称为"和产品结婚的人"，这些都体现了他对焊机技术的专注和不懈追求。当有人问瑞士钟表技术工，"为什么你能做出这么多好的表呢？"，他回答，"因为我们家族一直都只专心造表。"专心精心地制作着，心无旁骛，技术就会越来越精，美誉也就会越来越多，品牌就会越来越有名。童第周苦读成为科学大家，居里夫人从废矿渣里终炼成"镭"，袁隆平细致钻研终培育出"杂交水稻"等，这些都是靠精益求精支撑着他们走向成功的。经典的文学作品、脍炙人口的电影、栩栩如生的画作等，都是精益求精、呕心沥血、坚持不懈的结果。由此可以说，在当代社会，只要我们做到静心、专心，不因物质而旁骛，不为利益而犹豫，坚持不懈认定自己的目标走下去，就能创造自己的成功。这些对教育都有深刻的启发作用。

　　精益求精是一种严谨和一丝不苟，它在教学中是十分需要的。严谨是一种态度，一种作风。严谨的表现就是做事一丝不苟。不苟就是不苟且，不马虎，不得过且过。严谨的本质是思维的严密，做事情善于规划和富有条理。其核心是对学习的敬畏，严谨的言行里是敬业精神的灌注。做事严谨的人，大都具有积极的人生态度。而在工作中，只有严谨细致，才能把个人潜在的智慧和力量更有效地凝聚起来、发挥出来；也只有严谨细致，才能少走弯路，少出纰漏，稳操胜券。事情能够做到百分之百的正确，就不能做到百分之九十九，只有具有这样的态度，才能取得事业的成功。在我们的教学中，不少同学由于没有严谨的学习态度，所以，总是达不到理想的要求，或者在考试中，他们感觉自己有把握做对的题目，而一下考场就感到自己出现了纰漏和错误，这些都是不具备严谨的学习品质所致。教师的教学有时也出现这种情况，有的教师总是浮在表面，深入不进去，看起来是能力问题，实际上是和自己没有"锱铢必较"的工作态度有关。

　　精益求精是一种坚持和对细节的关注。在当下，社会的发展需要人才，对于教育来说，要想打造优质学校，优秀教师的成长是其基础。有人指出所谓优质教育就是优秀教师从事的教育，这种说法抓住了优质学校发展的核心，没有优秀教师作支撑的学校，永远和优质学校无缘。谈到这个问题，我想到曾任清华大学校长的梅贻琦曾说的话：所谓大学者，非谓有大楼之谓也，有大师之谓也。在我们周围，我们也会不时地发现，不少年轻教师很有天赋或者说很有成为名师的潜质。学校也给予他们成才的平台，他们或在某个时候、某个方面也曾放射出一个优秀教师的光彩，比如优质课，比如教学设计，比如课程开发，但是，为什么他们中的一部分最终没有成为真正的名师呢？几十年的校长生涯，我发现，当一个教师具备了成为名师的环境因素、个人天赋以后，其意志力起着关键性的作用。例如一个老字号的名牌产品需要几代人不断打磨，精益求精本身就是不断打磨的过程，是一个人的意志力呈现的过程。塞缪尔·斯迈尔斯曾说：意志力——自我创新的力量——是任何伟大品格的灵魂。

哪里有它，哪里就有生命力；哪里没有它，哪里就只有怯懦、无助和沮丧。正如一句谚语所说的那样："意志坚强的人和汹涌的瀑布都会为自己开拓道路"。① 任何伟大的成就都是意志力的产物。可以这样说，意志力是精益求精的有力支撑。对于细节的问题人们谈论较多，但是，作为精益求精的一种追求，细节本身就体现着精，体现着极致。俗话说细节决定成败，老子也说"天下大事必作于细，天下难事必作于易"等，都强调的是这个问题。但是细也预示着小，所以，不少人不重视，总想不鸣则已，一鸣惊人。教育工作细小而琐碎，重复而庸繁。学生百人百性，在教育中，我们一个温和的眼神，可以化解学生多日的烦躁；一句温暖的问候，可以激起学生满腔的热情；同样，一个不经意的轻忽，可能使学生丧失学习的信心。因此，我们才说教育无小事，教育就是一个个细节。也可以说，它是一个片段，是一个词、一句话、一个表情、一种手势等。这些美丽的细节，这些坚实的砖瓦，构筑着教育教学的大厦，叠垒起人格品性的大山，融汇成学生身心健康的血脉，同时也闪射着精益求精的生命光芒。高万祥曾指出：生活中，许多感人的东西来自细节；校园里，许多伟大的力量来自细节。细节就是文化，就是精神。人格浓缩在细节里，大爱浓缩在细节里，学校的风貌，也可以站在细节处去透视。② 教育的优秀，无他，关注细节，坚持不懈而成。

对于精益求精的表现，从教育的范畴来看，它有很多层面，如追求学习的卓越，注重学习的过程，重视基础知识，注重教学效率等。限于篇幅，我们仅就三方面做一分析，下面我们着重分析精益求精的道德精神。

二、"礼善"与精益求精的校训 >>>>>>>

我校把精益求精作为校训，并体现在学校"承精益求精之训，集东西教育之长，行明礼致善之道，求人性教育之真"的办学理念之中，可见其重要。其实我校的办学理念，我在《颠覆与重建——课堂文化建设的探索与实践》一书中已经做了较为详尽的解读。在谈到其关系时是这样论述

---

① ［英］塞缪尔·斯迈尔斯：《品格的力量》，刘曙光、宋景堂、李柏光译，15 页，北京，北京图书馆出版社，1999。

② 高万祥：《高万祥与人文教育》，98 页，北京，北京师范大学出版社，2006。

的：从对教育精益求精的态度，到追求集东西教育之长、明礼致善之道，到求人性教育之真，它构成了继承传统、体现现在、关注未来的教育思想体系。这个体系以精益求精、注意教育细节为基础，以吸取中西方教育文化特别是浙东历史教育文化的成果为依托，以培养学生"明礼致善"、遵守规范、遵纪守法为中心，以教育人、尊重人、"人性化"的现代理念为指导，强调知行合一，坚持育人为本，追求培根铸魂。[①] 这里指出了我校办学理念中精益求精的基础地位，对于我校的发展来说，如果教师能够对自己从事的事业精益求精，学生能够对自己的学习精益求精，那么，我校的发展就会根基牢靠，就会行稳致远；假以时日，学校就会形成慎思明辨、严谨笃行的风范，形成扎实不虚的文化氛围。我始终认为，精益求精不仅是治学态度的体现，同时也体现着我校发展的"礼善"道德精神。

那么，它的"礼善"道德精神体现在学校"礼善"建设的什么地方呢？

一为敬业求真之德。敬业从表面看是一种态度，本质上是一种"礼善"美德。朱熹曾说："敬业者，专心致志以事其业也。"敬业之"敬"，这里是指对待本职工作，应常怀敬畏之心。持敬之人都对事业有一种庄严感，正因为如此，他才能专心致志、恪尽职守，干一行、爱一行、钻一行、尽心竭力、全身心地投入；才会精于自己的业务，才会不断探索，不拘泥于以往的经验，不照搬别人的做法，在不断地精进中，竭尽全力成为本行业的行家里手。学生的学习也一样。如果他们感受到学习是一项伟大的事业，一种成就自己、成就社会的美德，就会用真心去敬畏、从事它，那么，他们同样会以精进的精神，全身心投入，并承受挫折、克服困难去完成自己的学业。为什么精益求精的精神体现的是美德呢？敬业表现为对教育事业的爱和责任。在这种精益求精的探索中，带给别人的是收获，带给社会的是正能量，一句话，成就的是学生，是社会，是未来的美好，其道德的意义不就不言自明了吗？我们说，美德本质上是一种善，是一种成全。精益求精所体现出的正是这种敬业之德。而精益求精之"精"显然是精致、精准。精准的实质是真，是真实。真的反面是虚假，真则是美德，而虚假是丑，是对道德的违反。所以说，精益求

① 杨云生：《颠覆与重建——课堂文化建设的探索与实践》，190～191页，杭州，浙江大学出版社，2016。

精体现的是求真之德。作为以育人为职业的教师，求真应是其职业道德的底线，教育是追求真理的探求活动，一切的虚假对人的成长，对未来社会都会造成不可估量的损失。求真本身是对科学精神的一种弘扬，一种理性精神的体现。求真之"求"，体现一种过程，一种艰苦的努力。作为学校的办学理念，精益求精本身就是对道德的坚守，就是对正气的弘扬，也必将对师生的发展、精神成长起到积极的道德引领作用。第斯多惠的一段话给予了我们深刻的启发：你们应当是我的使者，派遣你们到孩子们中去……你们应当用爱去接待他们，用理性来指导他们，用聪明才智来教育培养他们。"蒙以养正"，你们应当孜孜不倦地、耐心地、手把手地引导他们，你们应当好好鼓励他们，启发与活跃他们幼稚的思想。孩子们容易冒冒失失，性情急烈，你们就要教育他们小心谨慎，从容镇静。你们应当为孩子奠定追求美好东西的基础，这样我们将会信心百倍地期待着你们在教育活动中取得辉煌的成果。① 这里以训诫的口吻，要求教师的教育要"理性"，要"蒙以养正""孜孜不倦"，显然有精益求精的敬业求真的道德要求在里面。

二为责任担当之德。精益求精的精神之所以具有责任担当之德，是因为我们非常清楚，一个具有精益求精精神的人，对待工作的态度绝对不会马马虎虎，敷衍塞责，一定会认认真真，勤勤恳恳；一定不会由于自己的轻忽而出现问题，这本质上就是一种责任担当。我们说责任担当是一种意识，更是一种精神。在我们中华民族的意识中，责任担当从来就是一种优秀美德。因此也就有了许多教诲和故事，比如，顾炎武的"天下兴亡，匹夫有责"，强调的是面对民族危亡时的责任担当；"孟母三迁"讲的是孟母历尽艰辛，对子女教育的责任担当；还有"卧冰求鲤"，尽管故事有些极端，但其本意是对晋代王祥恪尽孝道为人子的责任意识的歌颂，等等。一个人既要尽到对国家的责任，也要尽到教育子女的责任、孝敬父母的责任。有了这种担当其行为就会为民族的事业恪尽职守，对孩子就会细心呵护，对父母就会毕恭毕敬，其实这些都是精益求精的精魂所在。我在《颠覆与重建——课堂文化建设的探索与实践》一书中，同样对责任担当进行了论述：担当和责任是一种生命情怀，是良心的自觉。中国知识分子信奉"修身、齐家、治国、平天下"便是对家国的一种担当，

① 陶志琼：《教师的境界与教育》，55页，北京，北京师范大学出版社，2006。

所谓"多难兴邦"就是因为"难"能激发起人们的担当和责任意识，从而使人焕发出无穷的力量而使国家振兴。担当和责任说到底就是人们要有一种生命气度，一种天下不能无我，有我必要成事的决心；担当和责任就是"苟利国家生死以，岂因祸福避趋之"，就是"我以我血荐轩辕"的豪迈意志。它本质上是一种爱，一种对教育、对学生的爱。爱本身就是一种责任，一种担当，一种为了教育的发展、师生的发展至死而不悔的献身。[①] 我这里强调的主要是责任担当的精神力量。其实有了责任担当其精神面貌就会发生巨大变化。比如，批改作业中，我们经常会遇到某些细小的问题，有的教师可能不自觉地就略去，有的教师则为了学生的发展，会采取措施去及时纠正；有的教师主动研究学生心理，以精准的教育措施促进孩子改变，也有的教师得过且过，当一天和尚撞一天钟。我们学校，正是因为教师有了责任担当意识，才成为一个安全的地方，一个生机勃勃的地方，一个学生感到温暖的地方。也正因为有了这种精神，才有教师对学生的细心叮嘱，才有刮风下雨时师生主动关窗的自觉，爱护好学校一草一木的自觉；我们才会在创客及多种课程的开发、社会实践等方面走在前列，获得社会的好评，我们的教学成绩才能保持多年领先的位置；我们的教师才对工作兢兢业业、一丝不苟，才出现了很多感人的故事，也才有教师、学生的飞速进步。有些时候，备课、上课、批改作业、叫学生起床等，看似是细小、碎屑的事，但我们的教师经年累月地坚持去做，这里既体现了每位教师的责任担当，也体现了精益求精的道德力量。教师之所以拥有如此良好的行为文化，源自一种文化魔力——让一切教职工的血液都融入"作为教育工作者的责任和良知"的兴奋剂，那些"小事情上的伟大进步"，让我坚信一个道理：提振教师精神、改良教师行为的根本动力，在于唤醒教师内心的良知和作为一个教育工作者的责任。[②] 有了这种责任担当之德，其行为也必然精益求精，这是我校把精益求精作为校训并体现在学校办学理念中的首要原因。

三为敬畏坚守之德。人为什么做事认真，爱是一个方面，对这件事从内心有一种敬畏之心也是其中很重要的原因。就像学生尊重敬畏某位教师就会认真听这个教师的课，认真做这个教师布置的作业一样，如果

① 杨云生：《颠覆与重建——课堂文化建设的探索与实践》，204 页，杭州，浙江大学出版社，2016。
② 林卫兵：《用"责任与良知"唤醒教师的激情与自觉》，载《人民教育》，2018(7)。

对其没有抱持一种敬畏之心，事情就可能相反。"敬"既是严肃、认真的意思，还指做事严肃，免犯错误；"畏"指"慎，谨慎，不懈怠"。敬畏是人类对待事物的一种态度，人有了敬畏之心，就有了目标方向、行为准则和道德规范，就能够尊礼敬物。孔子便指出人有三畏——畏天命、畏大人、畏圣人之言。这里的"畏"同样指"敬畏"的意思，人有畏就能够时刻自我约束，严格要求自己，不做出格越轨之事。古人云："人有祸则心畏恐，心畏恐则行端直。"同样，一个人如果对知识有敬畏之心，就会在学习上以恭敬之心来对待自己的学习行为；我们如果对学生有敬畏之心，就会时时刻刻认真对待他们的成长，我们在工作中也会小心翼翼地尊重而不伤害学生的正当要求。敬畏之所以是一种道德，因为它具有精益求精的内核。"敬"了就会精做精为，"求精"本身就是敬畏的体现。敬畏社会，社会才会和谐有序，生活才会过得幸福美好；敬畏生命，人就不会冷酷无情，麻木不仁，见死不救；敬畏历史，就不会张冠李戴，胡编乱造，做出颠倒黑白、胡乱搞笑的事情。这敬畏中都是道德的体现，都促人和谐向善。美国学者玛克辛·格林在《释放想象：教育、艺术与社会变革》中指出，把教育世界看得伟大会使我们密切关注事件的细节与特质，如此这种细节与特质就不会被简化为数字，更不会被认为是通过测量就可以了解的，我们一定不能仅仅将他人视为客体或棋子，相反要将他们看作特殊的完整个体。[1] "把教育世界看得伟大"本身就突出了敬畏，有了这种敬畏，工作就好深入，就会"关注事件的细节与特质"，就会把学生"看作特殊的完整个体"，这正是我们教师由敬畏而精益求精的道德表现。而坚持是精益求精的行为表现，其实内含着深刻的道德因素。科学上因为科学家的坚持，才成就了技术的创新和进步，从而造福人类；运动场上，由于运动员的坚持才创造了一个又一个的世界纪录，展示了生命的无限魅力，从而给人们以信心。教师的工作是一辈子的事业，于漪说一辈子做教师，一辈子学做教师。这一辈子需要的就是坚持力，没有这种坚持力，也就做不了教师，或者说好的教师。当然，工匠的坚持，创造的是非凡的艺术；科学家的坚持，发现的是未知世界；教师的坚持，是为社会培养千千万万的人才。各种各样的坚持中，都有信仰的支撑，

---

① [美]玛克辛·格林：《释放想象：教育、艺术与社会变革》，郭芳译，12～13 页，北京，北京师范大学出版社，2017。

都是坚强意志的体现，都有千锤百炼的精雕细刻，都是对完美的追逐，都有对极致的追求。

精益求精从教育范畴来说，是一种伟大的品质。它体现一种良好的"礼善"道德。而我们所追求的课堂求精彩、科研求精深、管理求精细、环境求精美正是这种精神道德的体现。当然，在精益求精的道路上，我们还有很多不足，我们还需要做出切实的努力，但是，只有坚持这种办学理念，坚持这种道德精神，我们学校的发展才会越来越规范，惠贞书院的品牌才会越来越亮丽。

第十二章

"礼善"与"集东西教育之长"

　　把"礼善"作为学校的一种文化追求，是建设"礼善"德育的前提。我校把"集东西教育之长"作为办学理念，是为了更好地落实"礼善"文化的建构。社会的发展需要"礼"，社会的和谐需要"善"。下面便对"东西文化"结合碰撞及我校是如何将"礼善"作为一种发展之道的做一表述。

一、百年东西道德教育的碰撞 >>>>>>>

　　在人类的道德发展历史上，没有哪一个民族的道德文化是单一的文化形态，它们在发展中，一般都兼容了多种道德文化，之后才逐渐发展壮大起来。从我国几千年民族发展的历史情况来看，什么时候以包容的心态积极吸纳外来文化，什么时候就是繁荣和强大的，比如唐朝；什么时候闭关锁国，排斥外来文化，什么时候便落后羸弱，比如清末。吸纳外来文化，一是表现一种充分的民族自信，二是社会发展到一定阶段的需要。

　　西学东渐通常是指明末清初以及晚清民初两个历史时期，它是近代西方学术思想向中国传播的时期。中国社会发展到明末与西方明显地产生了文化上的势差，也就是说，西方经过工业革命等大变革，其经济、科技发展已经走在了中国的前头。文化上则表现为：中学仍植根于封建主义的生产结构之中，西学已植根于资本主义生产结构之中；中学仍处于千年的农耕文明阶段，西学已处于新的资本主义工商业文明阶段；中学仍以儒家的"四书""五经"为主要内容，西学已以科学技术为主要内容；中学的承继仍以传统学校教育和科举考试为中介，西学的传播则以新式学校教育为桥梁。也就是说，当时的世界格局由于科学技术的发展，已经发生了巨大变化，中国显然已经没有了优势。西方自文艺复兴运动与宗教革命之后，西学才趋于活跃繁荣，特别是在自然科学方面，相继出现了哥白尼的"天体运行论"，伽利略关于银河系的概念，牛顿的万有引力定律及微积分，笛卡儿的几何学，达尔文的进化论等。而近代中学所面临的机遇却不佳：一方面，中国传统的中学本身的内容不具备质变出近代意义的科学与技术；另一方面，清王朝的落后性所造就的"天朝上国"、保守封闭的价值观，推行"闭关锁国"政策，使中西学自由融合错失了一次又一次的良机。1840年，伴随着西方殖民主义者侵略东方，面对西方的"船坚炮利"，我们看到自己的落后，西学开始向古老的中国发起了冲击。在西学东渐的过程中，借由来华西人、出洋华人，各种报刊、书籍，以及新式教育等，以中国澳门、中国香港、其他通商口岸以及日本等作为重要窗口，西方的哲学、天文、物理、化学、医学、生物学、地理、政治学、社会学、经济学、法学、应用科技、史学、文学、艺术等大量传入中国，对于中国的学术、思想、政治和社会经济都产生了重大影响。这个过程一般分两个阶段：第一阶段，明末清初耶稣会传教士的到来。明万历年间，耶稣会传教士来到中国，传教士在传播基督教教义的时候，也带来了大量的科学技术，这对我国的学术思想有所触动。此时西方科学技术开始迅速发展，而中国这时的科学技术发展非常缓慢，大大落后于同时期的欧洲。当时中国一些士大夫及皇帝虽接受了科学技术知识，但是在思想上基本没有受到影响。这一阶段的西学东渐，由于雍正的禁教，加上罗马教廷对来华传教政策的改变而中断，但较小规模的西学传入并未完全中止。第二阶段，鸦片战争前后直到五四运动前后。19世纪中叶前后开始，西方人再度进入中国，并以各种媒介带来西方的新知识。而由于鸦片战争及英法联军的刺激，清朝政府从1860年开始，推行了洋务运动，这也促使西方的科学技术再一次传入中国。当时洋务运动的人士，主要采取"中学为体，西学为用"的态度来面对西学，主要关注的是西方的先进武器以及相关的器械运输等，而并没有对西方的学术思想加以学习。在这期间学术思想主要借由西方传教士创办的媒体，以及洋务机构中译介的书籍传入。甲午战争以后，由于中国当时面临着国破家亡的危机，遭遇"数千年来未有之变局""数千年来未有之强敌"，许多有识之士开始更积极全面地向西方学习，出现了梁启超、康有为、谭嗣同等一批思想家。他们向西方学习自然科学和社会科学知识，政治上也要求改革。这一时期大量的西方知识传入中国，影响非常广泛。许多人以转译日本人所著的西学书籍来接受西学。中华民国时期，对政治的不满又进一步导致一些知识分子们提出全盘西化的主张。不过在这一过程中，有不少学者一直在维护中国的优秀传统文化，并做了大量的工作。改革开放40多年来，中国社会发生了翻天覆地的变化，中国已变为世界第二大经济体，党的十九大提出"道路自信、理论自信、制度自信、文化自信"。习近平在庆祝中国共产党成立95周年大会上的讲话中指出："文化自信，是更基础、更广泛、更深厚的自信。在5000多年文明发展中孕育的中华优秀传统文化，在党和人民伟大斗争中孕育的革命文化和社会主义先进文化，积淀着中华民族最深层的精神追求，代表着中华民族独特的精神标识。"可见文化自信的重要。

毋庸讳言，鸦片战争以后，西方道德精神的传入推动了我国道德精神的转变。明末清初特别是鸦片战争以来，道德文化在发展中的突出点包含以下几个方面的内容。

第一，是个体本位主义和集体主义。西方道德文化自古以来一直追求人的尊严和自由，追求人的主体地位，认为自己的命运都掌握在自己的手里。他们在处理集体和个人的关系上，肯定的是人个体的价值地位，认为人是神圣不可侵犯的，认为集体应该服从个人的发展，当集体不能适应个体发展的时候，就应该离开。在人与人的关系上，主张充分体现个人的自由，并且认为人的权利是上天赋予的。比如，意大利著名诗人但丁提道，"人为了自己的目的，而不是为了别人的目的而生存""自由的第一原则就是意志的自由"。[1] 而我们的文化主要是以孔孟思想为代表的儒家文化，儒家文化在对待个人与权威的关系上，主张个人服从权威，讲究"君君臣臣父父子子"的等级关系。在人与人的关系中，同样讲究尊卑有序，个人的意志要服从集体的意志。正如有学者所说的，西方存在主义认为一个人只有从所有的社会角色中撤出，并且以"自我"作为一个基地，对这些外铄的角色做出内省式的再考虑时，他的"存在"才开始浮现；中国人则认为，"人"是只有在社会关系中才能体现的——他是所在

---

① 周辅成：《从文艺复兴到十九世纪资产阶级哲学家政治思想家有关人道主义人性论言论选辑》，9页，北京，商务印书馆，1966。

的所有角色的总和，如果将这些社会关系都抽空了，"人"就被蒸发掉了，因此，中国人不倾向于认为在一个具体的人际关系背后，还有一个抽象的人格。这里分析了东西方在处理个人与集体方面的不同的道德意识。当然，在我们中国文化中有强调个人道德的言论，在西方的文化中也有强调集体、人类的道德言论，而主流的道德文化方向，是西方更重视个体，东方更重视集体，这也是东西方文化的重要差异。如今美国的单边主义，美国优先的政策，正是这种极端个体本位的一种表现，与合作共赢的理念相悖。

第二，是唯利主义和利服从于义。西方文化认为，人生存的目的就是为获取个人的利益而斗争。利益是社会发展的动力，"欲望是推动社会发展的杠杆"，人参与社会生活的最根本的原因就是追求自己的利益，获取自己欲望的满足。西方人为什么把中世纪说成是人类社会"最黑暗的世界"，就是以宗教为代表的统治集团，压抑了人们的欲望追求。而从文艺复兴开始人们在控诉财富罪恶的同时也极力渲染追求财富和世俗的享乐。英国作家笛福名作《鲁滨孙漂流记》表现了一种过去文学作品中所没有表现过的人生价值观，即人活着，应该为增殖个人的物质财富而勤勉工作，应该善于经营、敢于冒险、具有开拓精神。[①] 像这种公开宣扬追逐财富，这在中国文化中是很少的。西方人崇尚"丛林法则"这与他们对财富的追求和强调不无关系。中国人历来讲究"重道义"，反对唯利是图，见利忘义。孟子的《鱼我所欲也》是这样写的："鱼，我所欲也，熊掌，亦我所欲也，二者不可得兼，舍鱼而取熊掌者也；生，亦我所欲也，义，亦我所欲也，二者不可得兼，舍生而取义者也；生亦我所欲，所欲有甚于生者，故不为苟得也；死亦我所恶，所恶有甚于死者，故患有所不辟也。如使人之所欲莫甚于生，则凡可以得生者何不用也？使人之所恶莫甚于死者，则凡可以辟患者何不为也？由是则生而有不用也，由是则可以辟患而有不为也。是故所欲有甚于生者，所恶有甚于死者。非独贤者有是心也，人皆有之，贤者能勿丧耳。"他用比喻的方法，谈了义与利、生与死的关系，得出人在面对义与利、义与生死时，要舍利取义、舍生取义的观点，这种思想影响了千千万万的知识分子，并作为一种民族精神积淀于民族的道德文化中。当然，随着时代的发展，我们也讲利，并且知道利的重

---

① 徐葆耕：《西方文学之旅》，399 页，石家庄，河北教育出版社，2003。

要，但在义利关系上，我们绝对崇尚义。

第三，是民主。民主是现代文明的一种标志。民主是保护人类自由的一系列原则和行为方式，它是自由的体制化表现。民主是以多数决定、同时尊重个人与少数人的权利为原则。民主国家在尊重多数人意愿的同时，也注重保护个人与少数群体的基本权利。民主的要义是平等，正是这种平等才形成对话、沟通和理解，而专制恰恰为独断专行，这种独断专行使多少人不能自由和谐发展，又造成多少人间悲剧。其实，近现代中西方都在追求民主、自由精神。不过西方早于我们，人们的民主意识更普遍性而已。党的十八大明确"民主"作为社会主义核心价值观的要素之一。我们在经济发展的同时，也在追求现代民主道德，这正是我国社会进步的标志。

第四，是科学精神。科学是一种道德，因为它让人们以严密的逻辑、合理的推断、求真求实的意识看待世界，从事各种活动。可以这样说，科学精神是西方优秀精神的基本内核。这种精神主要推崇的是理性知识、求真求实、大胆探索及敢于质疑的批判精神。他们重逻辑，重推理，我们从西方先哲们像苏格拉底、柏拉图的演讲中就可以感受得到。所以，西方的逻辑学、数学也比较发达，并催生了现代科学。亚里士多德就提出过，人是理性的动物。培根提出知识就是力量。布鲁诺同样是一个大胆质疑、敢于批判的思想家，面对严刑拷打和火刑，坚持在真理面前一步也不退让，坚持科学真理，这些都是坚持科学道德的表现。对于我们来说，我们的传统文化中也含有科学的道德精神，但和西方相比似乎比较零散。比如，我国两大学派的创始人孔子、老子，其思想本身就是碎片化、感悟性的，并且这些思想和感悟总是和如何做人有关，和科学似乎联系很少，他们的学说也就决定了我们中国人的思维方式以直观感悟为主，相对缺乏科学的理性思维，加上后来的经学传统、八股取士，科学精神更加稀少，也就造成了现代科学技术的不发达。到了近代，因为科学和主观的碰撞，带有民族特点的科学道德逐渐形成，并在这种精神下，我国的科技水平逐渐提升，并成为世界科技版图中的重要力量。

当然，道德文化在发展中的突出点绝对不止以上几点，以上是比较重要的几点。我这里要说的是中国历来就有"天下意识"，讲究天下一家，如"海内存知己，天涯若比邻"，"四海之内皆兄弟"，等等。在经济全球化的今天，并不是一定要"东风压倒西风"或者"西风压倒东风"，中西本来就应该在碰撞中交流，在碰撞中相互借鉴，在碰撞中相互促进。所以，作为一所坐落在中西交流前沿地带，并且由政府和著名企业联合投资兴建的学校，把"集东西教育之长"作为学校的办学理念，并以此形成自己独特的道德文化，也是一种发展的自然趋势。

二、"礼善"与"集东西教育之长" >>>>>>>

我校在成立之初，就以高远的战略眼光，从学校历史、地域、未来教育的发展考虑，确立了"集东西教育之长"的办学理念。

但是，东西道德教育各自具有其庞杂的体系，要"集"其"长"，我们就必须进行合理的选择和甄别。对于基础教育来说，我们要根据社会发展的实际要求、人才发展的需要，结合学生发展核心素养等要素，做出我们的选择。因此，"集东西教育之长"，我们应着重在以下三个方向上努力。

第一，把学生品格的培养放在首位。品格教育即道德教育。这是东西方道德教育文化都十分重视的。古代希腊哲学家无论是苏格拉底还是柏拉图，都十分重视儿童的道德教育。苏格拉底到处劝人为善，并认为应该培养人们具有"智慧""正义""勇敢""节制"四种道德。[1] 其后不少教育家专门对道德教育加以论述，著名的便有亚当·斯密的《道德情操论》、杜威的《教育中的道德原理》等著作，并形成不同的德育流派。我国不同历史时期的教育家都十分强调德育(修德)教育，并把"修德"和个人发展、社会发展结合起来。《礼记·大学》指出："大学之道，在明明德，在亲民，在止于至善。"《论语》也说："为政以德，譬如北辰，居其所而众星拱之。"从此也开启了东方教育重视道德培养的传统。随着时间的推移，思想家把修德和修身相结合。道德是做人之本，没有良好的道德，即使成就再大，也不会给人们带来好处。根据客观现实和学生未来发展的需要，对于道德教育我们必须和社会主义核心价值观相联系，在此基础上我们着重培养学生以下道德。一是爱国情感。爱国是一种崇高的感情，是一个公民起码的道德，也是中华民族的优良传统，是激励全国人民团结奋斗的光辉旗帜，是中华民族发展壮大的精神动力。"天下兴亡，匹夫有

---

① 单中惠：《西方教育思想史》，8页，北京，教育科学出版社，2007。

责""苟利国家生死以，岂因祸福避趋之"都是爱国感情的自然流露。二是理想信念。理想是人的一种追求，信念是追求中的坚定意志。一个人确立了崇高的理想信念，就有了正确的方向和强大的精神支柱，就会"富贵不能淫，贫贱不能移，威武不能屈"，就能矢志不渝地献身于伟大的事业而不畏任何艰险。我们说，人不吃饭不行，但人不光是为了吃饭。当树立了崇高的理想和信念以后，学生才会在未来的人生道路上走得更远、更扎实，也才能获取人生的价值和幸福。三是责任担当。责任是一种人生美德，责任高于一切，责任胜于能力。责任感是我们立身做事的基本条件，是一个人成就事业的基石，人往往在责任担当中焕发无尽的力量。"事不避难，勇于担当。"担当，就是勇挑重担、敢于负责。有无担当精神，是衡量一个人素质高低的一个重要标尺。高度负责，勇于担当，是一种气魄，更是一种精神。当树立了这种意识以后，学生内心就会时刻充盈一种豪情，就会激荡着无穷的精神能量，从而扎实地走好自己的人生路。当然，面对世界发展的大趋势，还需要培养学生的合作及奉献的品质，在此，不再赘述。

第二，把自主精神当作学生道德发展的核心。自主对于教育来说是一种解放，是内在驱动力的一种调动。自主精神在西方教育中根基深厚，而我们相对比较缺乏，这是需要借鉴强化的。其实我国在当初的道德教育中，是比较强调自主精神的。比如，孔子就说"知之者不如好之者，好之者不如乐之者"，一个人"乐知"了其动力就有了，它本质上是自主性的表现。只是到了后来，由于封建宗法和礼教阻遏，自主精神逐渐被压抑。五四运动，鉴于我国的这种积弊，人们提出了"新民"的主张，而"新民"的重要元素就是道德自由、自主意识的觉醒。纵观世界进步史，人们的创新、创造都是在人们自主意识较强的情况下喷发的。西方中世纪黑暗时代，压抑了人们的自主创造，文艺复兴则使人们的自主意识得到大解放，所以它创造了辉煌灿烂的文化。五四运动以来，经过一百多年的积累，特别是改革开放后，人们的自主意识极大地增强，直至今天，我们的创造力才真正爆发，并逐渐走向世界的中央，在不少领域已经领先于世界。如果没有改革开放，没有人们自主意识的觉醒，是不可能取得今天的成就的。学生的发展也是如此，只有学生真正觉醒，真正做自己的主人，他才能真正进步，才能焕发出内在不竭的生命活力，才会在社会的竞争中，不甘平庸、积极进取、有所作为。一个自主发展的人，就是有清晰的自我认识，有积极的自我形象、悦纳自我的人，就是有明确的努力目标，有内在学习需要与成长渴望的人，就是有良好学习策略与学习习惯的人。[①] 试想一下，什么样的力量能够超越这种道德自主的力量？还有，我们今天一直强调人们的质疑精神、批判意识，认为这是一个人真正自立具有创造力的表现，但是，一个连自主意识都没有——自己不能决定自己的言行，不能对自己的言行负责的人，你让他去质疑、去批判乃至创造，可能吗？培养学生的道德自主精神，是东西方教育的共同追求、共同目标，世界各个国家所进行的改革，其核心也就是如何提高学生的自主能力，其采用的各种方法、教学模式也都是围绕着它在做文章。

第三，把道德实践创新能力作为教育的目标。我国是一个重视道德实践创新的国家，主张"读万卷书，行万里路""书上得来终觉浅，绝知此事要躬行"。阳明哲学强调实践，强调"知行合一"，也就是强调知识和实践的结合，从"苟日新，日日新，又日新"，可以看出中国文化从源头上就强调变化和创新。正是因为创新，我们才有四大发明，才有万里长城，才有不断完善的各种制度。有人说，西方基督文化是"天学"，印度佛教文化是"鬼学"，而中国传统文化是"人学"，这一"人学"是积极入世的，具有强烈的世俗精神，所以，古代教育思想家无不强化教化民俗，无不重视经世致用，兴邦治国。[②] "世俗性"就有道德实践性因素。还有中国人历来反对死读书、读死书，不过到了后来，由于科举制度八股取士的异化，读书与实践相结合的传统逐渐淡去。说到创新，中国文化在开始就定下创新的基调，这个基调是全面的，比如，在政治制度上也是反对因循守旧，主张变革的。早在战国时候，商鞅就曾指出，"前世不同教，何古之法？帝王不相复，何礼之循？""治世不一道，便国不法古。汤、武之王也，不循古而兴；殷夏之灭也，不易礼而亡"。宋朝的王安石也喊出"天变不足畏，祖宗不足法，人言不足恤"的口号，这些都体现了我们所固有的道德创新精神。只是后来在封建社会超稳定的社会结构下，特别是科举制度考试内容的限制，提倡代圣人立言，非圣人之书不读，非圣人之言不说，言必称六经，人们的创新意识才逐渐减弱。而西方的实证

---

① 肖川：《教育的智慧与真情》，17页，长沙，岳麓书社，2005。

② 朱永新：《中国古代教育思想史》，52~64页，66页，北京，中国人民大学出版社，2014。

和逻辑，这本身就和实践有关。西方教育注重教育的个性化，其方向显然是创新。他们的创新着眼于技术领域，并且和我们的学习"成己"不同，他们的学习是"成物"，同样具有道德实践精神。还有，西方文化特点反映在科技方面为大胆假设，细心求证，而且重视科学实验。所谓科学实验就是将理论假设拿到实验室检验，实验的过程不但可以检验其正误，往往还可能提升或推翻这个理论。正因为这些文化传统，西方人士比较习惯提出大胆假设，因而近代以来，产生了许多重要的、革命性的成果，这些都体现的是道德实践和创新因素。在当下，我们需要在汲取中西道德实践创新教育各自优长的基础上，建构"集东西教育之长""教育汇通"的新模式——实践创新，这已经成为我们的新要求。实施道德实践创新教育，我们必须克服应试教育的弊端，必须勇敢地进行以道德实践创新为基础的课堂教学改革。目前我校"读议展点练"的教学模式的创设，行走德育，家校、社会大德育的实施，无疑就是以此为中心而展开的，道德教育实验基地的建设也是以此为目标的，而我们所取得的成绩，也证明这一方向是正确的。

总之，我们已经进入一个伟大的时代，一个需要变革创新的时代，一个创造人类新未来的时代，一个东西方道德教育碰撞的时代。这个时代的教育，其根本的方向是"集东西教育之长"，并以此走出一条新的"礼善"教育的光明之路，创造人类共同的教育财富。

第十三章

"礼善"与"明礼致善之道"

我校以"礼善"作为核心理念，其下统摄"承精益求精之训，集东西教育之长，行明礼致善之道，求人性教育之真"四维办学理念。如果说"礼善"作为我校发展的核心，那么，办学理念则是学校发展的四个支柱。

一、"明礼致善"及道德 >>>>>>>>

对于我校"行明礼致善之道"办学理念这一表述，我在《颠覆与重建——课堂文化建设的探索与实践》一书中，已经进行了解读，今天随着形势的变化、理解的加深，有必要加以补充："行明礼致善之道"整个句子从结构上来看，强调的是它的动态性。"行……之道"——行动上要按照"礼"的要求去做，要遵守礼的规范；"道"指道路，遵循的道路、路径，"道"也指规律，即按照"礼"的规范、规律去做，这是整个句子的要求。"明礼致善"："明"是明白，通晓的意思，也就是说，在做事之前，就要明白什么是该做的，什么是不该做的，要以"礼"作为指针，要"非礼勿视，非礼勿听，非礼勿言，非礼勿动"；"礼"即礼貌、礼让、礼节、礼仪、礼制，规范、规矩、法律等。"明礼"意思是以上这些在做事情时都要弄明白，否则就是昏昧，就是迷惑不清。明白了按照"礼"的要求去做，才能到达"致善"的结果。这里的逻辑是，"善"是行"礼"的结果。问题的关键是"礼"和"善"的关系。为什么遵"礼"就能达到"善"？我们说"礼"是中华优秀传统文化的突出精神，是社会交往之道。"礼"与"仁"互为表里，孔子说"仁者爱人"。"仁者爱人"是礼的内在精神，恭敬辞让是仁的外在表现。也就是说，你遵循"礼"去做事，才能真正达到"仁"，即"善"。这就是它们的基本联系。而好礼、有礼、注重礼仪是我们"礼义之邦"的传统美德，是我们立身处世的重要要求。传统文化认为，"礼"是人与动物相区别的标志。"凡人之所以为人者，礼义也。""礼"也是治国安邦的根本。我们的伦理文化从某种意义上可以说是"礼仪文化"。"明礼"，用今天的话来说，就是讲文明。我们知道，"礼"作为伦理制度和伦理秩序叫"礼制"；作为待人接物的形式叫"礼节""礼仪"；作为个体修养则叫"礼貌"；用于处理与他人的关系叫"礼让"。明礼、礼貌、礼让、礼节、礼制，是中华民族传统美德的重要因素。它是对人的言行举止的系统要求，这些以"礼"为核心的要求，最终带来的是秩序、安定、和谐和文明，因此才说它能够"致善"。

我们所说的"行明礼致善之道"，简单来说就是要求师生遵循日常行为规范及社会公德，形成良好的仪态教养，践行学校"关心他人，充实自己"的校风，成为"行有礼，心存善"的人，进而促进校园和谐、社会和谐。

"明礼"是一种道德。这种道德首先表现为对规范的遵守，对生活秩序的敬畏，对严整和谐的守护。道德是社会的产物，是人之为人的本质特征。人要想生存发展必须有一定的规范，才能维护群体的利益和自身安全。就如黑晓佛所说，道德教育的价值依据并非外在于人自身的存在，而是在人的存在意义本身，即道德教育在于教人追求善以实现人生的意义。[①] 遵守道德是做人之本，也是社会文明进步的标志。一个没有规范的民族，不能成为文明的民族。我们知道，道德的形成源于人类自身的需要。马克思指出，人是一切社会关系的总和，人是社会的人，任何一个人都不能够独立于社会之外而存在。因此，人们必须在群体的交往中选择共同的行为规范，并依据这些规则指导个体在群体生活中的言行，以此协调人与人之间的关系，维护社会的稳定、和谐与发展。原始社会早期，由于社会生产力水平很低，生存环境非常艰苦，人类为了生存，就必须共同生活，共同打猎，共同抵御自然灾害和外族的侵袭，这就要求人们推选部落酋长，并制定部落的要求，这可能就是道德最早的萌芽。随着社会的发展、分工的细致，道德要求随之出现，道德规范不断变化，

---

① 黑晓佛：《回归生命 走向生活——当代道德教育的精神品格与价值自觉》，161 页，北京，人民出版社，2012。

如原始社会的道德、封建社会的道德等。道德是社会稳定发展的基础，是社会和谐的保障因素。道德一经形成，就具有一定的稳定性。但是道德赖以生存的经济基础在变化，社会实践也在变化，道德规范也会随着时代的发展而变化。道德规范及其内容的变化、发展是绝对的，稳定是相对的，新的时代将催生新的道德理念和规范。比如，改革开放以后，随着经济的发展，经济交往中的道德规范，人们就强调得比较多，自主意识、竞争意识、创新意识、效益观念以及和这些相联系的道德要求也随之出现，并逐渐成为人们遵守的道德规范。

从一定意义上来说，我们是道德的存在，一是因为我们作为人是社会性的，是处在"相依"的状态的，除了与他人一起生活，我们就无法活得更好；二是因为我们是超越性的，我们在生活中希望更好。[①] 因此，"明礼致善"是对社会严整和谐的守护。也就是说，在集体中塑造一种遵规守法的氛围，形成一种自觉的文明生态，同样是明礼的一种表现。但人是有弱点的，其表现是以自由为名，对规范的突破。对规则的遵守、礼节的坚持，经过一段时间后，往往也会产生懈怠。因此，由于遵规守礼所形成的严整和谐就会被破坏掉，那么，对严整和谐的守护，就显得很重要。如何守护严整和谐的局面呢？要不断强化遵规守礼的重要性，在一个集体中，遵礼守纪是集体能够进行良好运行的保障，是产生工作效率的保障。对于学生也应该如此，比如初中低年级学生，处于自控能力还比较弱的阶段，有时候在课堂上总是不能安静下来，教师用了很大的力气，不少学生也只能安静一会，但是，有的教师引导他们要维护遵规守纪所带来的严整与和谐，把学生的行为带来的安静当作一种美来看待，并对学生指出，由于自己的意志力不强而说话、喧闹便是对美的一种破坏，这种强化使学生对良好氛围的维护产生了比较高的认识，其自觉性也自然提高了。再者，把遵守规范上升到道德的高度来引导。有教师给学生提出的班级口号是"别人因我的存在而幸福"，同学们都能安静地学习，是一种幸福，这种幸福是大家共同创造的，而意志力不强者，便会破坏这种幸福。于师生来说，总有一些人由于自制力不强，往往会产生对"礼"或遵守不到位，或偶然突破的现象，为了守护严整和谐的明礼氛围，利用制度有时候也是非常必要的。再者，要建立团结、和谐的

---

① 金生鈜：《规训与教化》，272 页，北京，教育科学出版社，2004。

学校或班级文化。文化具有约束引导功能，它具有很强的化育力量，学校或班级文化的突出表现就是师生言行的自觉，当师生把守护严整和谐的明礼氛围当作一种内在需求的时候，明礼也就达到一定的境界了。

"致善"是明礼、守礼、行礼所达到的一种境界，其核心是道德力量的展现，其表现为无私奉献之德，和谐致美之德，生命安适之德。无私奉献是达其"致善"的基础，它是一种高尚的道德情操，一种崇高伟大的道德品质。在人际的交往中如果斤斤计较、针尖对麦芒，或者是自私自利是不可能达到"善"的境界的。交往中只有识大体、立大功、努力奉献，"善"之和谐的局面才会形成。选择了教师这一职业，就意味着终身的奉献，"捧着一颗心来，不带半根草去"，可以说正是这种精神的写照，它反映了数千年来，无私教师艰辛曲折而又令其久久回味的心理历程。① 教师工作的特点，决定教师的一切属于学生。社会上不少人羡慕我们的假期，其实我们的假期也是奉献给学生的，当别人领着孩子、陪着老人去购物、旅游时，我们不少教师还在学习，还在为教学上的问题苦苦思索。有人说，教书是个良心活，正因为如此，我们的学习、思考、研究才没有止境。教师的善，指对受教育者合理的共同利益的谋求、对教师责任与义务之毫不推卸的遵循、对受教育者的人格尊重和对受教育者发展负有高度责任的认同。② 而这些都需要无私奉献之道德的畅扬。

"致善"是对和谐的一种追求。如果和谐是对立事物之间相辅相成、互助合作、互利互惠、互促互补所达成的一种对立统一，那么，"致善"则是和谐的一种保障。在一个集体里，求善、为善就会形成一种相互交流、和谐共进的局面。善从伦理学上来看，是一种美德，这种美德其关键是在某些情况下，人与人之间能够真诚相待，以一颗宽容之心对待世间的纷争，从而使人感到世界的美好。善是中国思想文化中的重要组成部分，儒家讲的仁义道德，佛家讲的普度众生，道家讲的修身养性，都是一种与人为善的精神体现。善是一种伟大的道德力量，《道德经》中说："上善若水。水善利万物而不争，处众人之所恶，故几于道。居善地，心善渊，与善仁，言善信，政善治，事善能，动善时。夫惟不争，故无尤。"意思是最好的状态是水的状态，最好的品德是水的品德。水善于给

---

①　易连云：《重建学校精神家园》，234 页，北京，教育科学出版社，2003。

②　叶澜、白益民、王枬等：《教师角色与教师发展新探》，49 页，北京，教育科学出版社，2001。

万物以好处，却不争取自身的利益。它不拒绝待在别人不愿意待的地方，所以接近大道。它总是待在最适宜的地方(给自己的定位恰到好处)，它的心胸深远阔大，它的交往和善亲切，它说话诚信可靠，它善于处理各种事情，它的行动符合时宜。由于它不争夺什么，不与谁发生争执，也就不会有什么过错或被埋怨。我们的古人把善的美德说尽、说绝了。它牺牲而不争，它柔弱而刚强，它辽阔而亲善，它诚信而可靠，它也谦卑，感恩，怀有敬畏之心，从良知的角度去对待万物。当然，善是相互的，当你善待万物时，万物必将善待你。这种善德便形成一种和谐的力量。和谐是善的产物，一切的争斗，都是从恶意开始的，一切的不善之举，也都是没有善德所致。善总是合乎规律的，比如，如果将升学率作为学校唯一的追求，教师很可能会不遵循学生的成长规律、知识接受的规律、能力形成的规律，而是靠加班加点，靠题海战术，这样学生的身心便会受到摧残，学生的心理就会产生扭曲，这样的行为对于教育来说，就不是善行。这种非善的行为，是无法使师生关系达到和谐的。假如师生之间都以善意待之，使善的美德加以发扬光大，那么，信任、和谐就会增强，上进的力量自然也会增强。善德说到底是一种思想情感的善、能力行为的善、思考做事的善。没有这些做支撑，善德就很难形成，和谐就不可能达到。陶志琼在《教师的境界与教育》中说，教师的善德不但体现在对真理的热望与真诚上，也体现在爱心和正义感、伟大而高尚的精神、勇敢而智慧的心灵上，还体现在善言和善行上。正如著名剧作家狄更斯曾说的：如果我能够弥补一个破碎的心灵，我便不是徒然活着；如果我能够减轻生命的痛苦，抚慰一处创伤，或是令一只离巢的小鸟回到巢里，我便不是徒然活着。作为教师善德的体现来讲，不仅仅是弥补一个破碎的心灵，更要人的心灵更美好；不仅是减轻生命的痛苦，还要增加生命的乐趣与意义；不仅是令离巢的小鸟回到巢里，更要让"在巢小鸟"幸福。① 如果教师具有这种善的德性，和谐的师生关系、和谐的文化氛围还能建立不起来吗？

从以上分析中，我们清楚地知道，"礼"和"善"都是人的道德行为体现，作为学校，我们要通过"礼善"培养学生什么样的人格特质呢？

建构以「礼善」为核心的德育体系

---

① 陶志琼：《教师的境界与教育》，152～153页，北京，北京师范大学出版社，2006。

二、"礼善"与"明礼致善之道" >>>>>>>>

我们对"明礼致善"的道德特点已经有所明了，其实"明礼致善"也是为了塑造学生的品格。那么，我们将通过"行明礼致善之道"，塑造学生什么样的优秀品格呢？

自律品格。当我们对礼有了了解，就会明白礼的规范的遵守，一是靠制度，二是靠自律。只有具有了自律的品格，才能真正做到"非礼勿视，非礼勿听，非礼勿言，非礼勿动"。自律顾名思义就是自己管住自己，自己按照道德规律、按照礼的规范要求做事情。自律是修身立志成大事者必须具备的能力，是对自身行为的一种强制。自律的形成需要坚定的追求，坚强的意志。古人云："古之立大事者，不惟有超世之才，亦必有坚忍不拔之志。"没有追求，不会有坚忍不拔的意志，没有坚忍不拔的意志，就做不到自律。所以，从某个方面来讲，自律是一个人坚定意志的展现，也是个人强健精神的体现。而这种精神的内核是进取，是义无反顾地去实现自己目标的意志。自律，可能预示着某种痛苦，但为了自己的目标，又不得不这样做。比如，你想在工作之余学某项技能，你就要在别人休息的时间去学习，去攻读，这就需要自律，否则就不能达到学习某种技能的目标。我们的文化，是很注重自己管理自己的。著名历史学家楼宇烈曾撰文指出：中国文化跟世界其他文化的最大区别，就是中国文化是以向内为主的，而其他文化是以向外为主的。中国文化注重于人自身。中国文化的根本特色是管好自己、管住自己。孔子思想中最重要的，就是强调"仁"的概念。孔子之所以强调"仁"，是为了挽回春秋时期礼崩乐坏的状态。怎么挽回呢？就是把一切行为都回到周礼上去，回到原原本本的"仁"。《荀子》说："智者自知，仁者自爱。"《道德经》说："知人者智，自知者明。"中国文化最根本的精神，就是自爱。只有自爱的人，才会去爱人，也才会被人爱。一切都要从自身做起，才是中国文化自觉自律的理念。① 我国文化很注重修身，修身就是修炼自己的道德修养，对于一个人来说，道德修养修炼的程度，同样和自律的程度有关。而道德修养修炼除了要接受周围人的监督以外，在自律方面还进一步提

---

① 楼宇烈：《中国文化的根本精神》，载《北京日报》，2016-09-12。

出了"慎独"的自律方法。"慎独"无疑是个人修炼的最高境界。拿破仑·希尔在《成功学全书》中指出："自制是一种最难得的美德。"他还说："热忱是促使你采取行动的重要原动力，而自制则是指导你行动方向的平衡轮。它能帮助你的行动，而不会破坏你的行动。"

而人在各个方面所出现的错误，一般都是缺乏自律造成的，包括不少犯罪行为，所以，对于我校来讲，在"明礼致善"的理念下，培养自律品格，对师生的成长及未来发展有着不可忽视的意义。

礼让品格。我们在分析"礼"的时候，基本上是从规范、制度层面着眼的，其实，作为中国文化核心概念之一的"礼"还有礼让之义。礼让是一种文明，是和谐相处的基础。在人际交往中，总会遇到这样那样的问题，这样那样的矛盾，在这个时候礼让是化解矛盾和误会，达到平衡与和谐的必要条件。培养礼让品格，对于同学与同学之间的和谐相处非常重要。处在身心发育期的青少年，往往性格不稳定，也容易冲动，有时候看似不大的问题，比如，一句话，一个动作，也要争出高低，定出输赢，由于各不相让，因此产生激烈的矛盾，这个时候礼让就显得尤其重要。礼让其实包含的内容非常广泛，比如古代的"孔融让梨"是牺牲之让，尧舜禅让是治国之让，蔺相如之让是顾大局之让。孔融之让，看出其谦谦君子的风度；尧舜之让，让出了中华民族的泱泱气度；蔺相如之让，表达出一个士大夫宽阔的心胸。我们向来以文明礼让著称于世，古往今来，仁人志士莫不以谦虚礼让为美德，礼让是一种胸襟、一种气度、一种境界，说到底，是一种高尚品德和人格修养，是从灵魂深处溢出的芬芳，它生动地向世人展示其道德的力量，彰显了人性光辉。礼让本质是一种面对大局的牺牲，是个人气度胸襟博大的产物，是个人生命格局的一种展现。我们平常有雅量之说，作为一个理智健全的人，特别是一个希望逐渐完善自己人格的人，总是要有一定雅量的。雅量是衡量一个人修养程度高低的重要标尺之一。有雅量的人，往往不会和对方斤斤计较，更不会和对方做没有任何意义的"一争高低"；有雅量的人，能海纳百川，甚至包容并原谅自己的"敌人"；一个有雅量的人，也常常是生活中的佼佼者，他们的事业因此而比别人更辉煌，在社会交往中，也会因此而获得更多人的信任。当然，礼让，以"礼"为先，为基础。"礼"就是原则，就是规则，所以，礼让是在遵守规则、原则基础上的行为，也就是说，礼让不是盲目，不是放任。

大爱品格。由"明礼"到"致善"目标的达成，中间必须有一个重要的环节，那就是"爱"。这爱我们可以看作孔子所说的"仁"，"仁"即仁爱。没有爱怎么能达到善境，善的底蕴本身就是爱。没有对社会的爱，社会就不会有温暖；没有对集体的爱，集体也没有善意流淌；没有对家庭的爱，家里就会冷冰冰。爱本身就是一种善。爱默生曾经热情地写道：从善的意义上来看，毫无保留的、流动的、向前发展的大自然已经预料到一种仁爱。对这种幸福的介绍是从人与人之间私人和亲密关系的角度展开的，这种私人和亲密关系是人类生活的迷人之处。它像一种特定的怨恨和热情，在一定的时期内控制了人，并且对人的身体和精神产生巨大的作用；它使人和其种族一致，保证他遵循公众的关系准则，并用同情心使他回归自然，提高理性，开启想象力，使其个性具有英雄和神圣的特质，给人类社会以永恒。[①] 这是爱默生对爱的力量的赞扬，是对爱的赞歌。

2019 年暑假，宁波市惠贞书院初中部"惠心"实践队第一次走出宁波市，经过重重面试最终遴选出十位"惠心"志愿者，这些志愿者携带着自制小道具、小实验、单词卡、乐器、魔术教具等赶赴贵州省巧马镇中心学校，除了为当地的孩子们带去了各项来自惠贞学子的爱心物资，更是别具匠心地为巧马镇中心学校的孩子们带去了十七堂凝汇大爱的课程。

惠贞书院的英语教学为我校特色课程，惠贞学子在各级各类的英语竞赛中崭露头角，因此本次志愿活动以英语沙龙为主线，以才艺教学为特色，"惠心"志愿者精心设计，认真筹备，将礼善文化蕴藏在十七堂精品课中。一堂堂以食物为话题的英语沙龙闪亮登场，"惠心"志愿者们借助绘画、小游戏等形式，让巧马镇中心学校的同学们学习一个个新单词、一组组新句型，不断提高自己的语音面貌……才艺特色教学中，"惠心"志愿者们各显神通：书法组在一撇一捺间传达着汉字之美，声乐组琴声悠扬，手指舞灵动活泼，纸艺组在作品里展现丰富的想象，科学组的小实验引得巧马镇中心学校的同学们发出阵阵惊叹……这些课程参与性与互动性强，而不是纯粹的说教式教学，这让巧马镇中心学校的孩子们真正参与到了项目中来。

"爱最贞贵"是本次支教活动的核心理念，"大爱"成了本次志愿服务的重要载体。"爱"不仅提高了"惠心"志愿者的道德素质和个人能力，也

---

① ［美］爱默生：《心灵的感悟》，张世飞等译，117 页，北京，当代世界出版社，2002。

实现了学生的自我价值。本次活动为提升惠贞学子的社会责任感提供了平台，为校园德育做了很好的补充，使德育的内涵更加丰富。本次活动让学生身体力行，通过自己的亲身经历切实了解农村的教育发展现状，为社会和谐尽自己的一份绵薄之力，凝心汇聚德善大爱。

明礼也罢，致善也罢，如果一个人没有了爱，其"礼"就不会明，其"善"就不会"致"。正因为人们有大爱之心，才会遵礼而行，才会创造善的美景。爱是一种对善的渴望，有了爱，才能走向善的原野，创造一种大而亮敞的生命之境。爱是一种热忱，一个人有了大爱的品格，才会把自己的全部精力投入到善的事业之中。正是爱，才让我们在科学、艺术和商业领域不断创造出中国的奇迹。爱的品格其特征是无私的，为善的世界去努力奋斗，去做出自己的牺牲，去成全自己更成全别人、成全集体、成全人类。爱使人崇高，爱的品格是这个世界善的境界的最好的维系。我校以"行明礼致善之道"作为办学理念之一，彰显培养学生爱的品格是学校义不容辞的责任。

宽容品格。在一个群体里，要想达到善的境界，相互之间的宽容是很有必要的。如果处事斤斤计较是很难达到善好的境界的。宽容是一种修养，是一种品格，更是一种美德。记得有人说过，比大地宽广的是大海，比大海宽广的是天空，比天空宽广的是人的心灵。人就应该有宽广的心灵，就应容天下难容之事。一个懂得宽容的人会营造出一片祥和友善的天空，他同样会受到人们的尊重和推崇。在很多时候，宽容别人，也是在宽容自己，你不再为小事而烦恼，生活将会增添许多欢乐和轻松。"人不知而不愠，不亦君子乎?"能做到这一点，既是一种风度，也是一种宽容。"海纳百川，有容乃大。"所以，从根本上来讲，宽容也是一种人生高度。作为学生，能宽容同学间无意的伤害，是相互帮助、和谐相处的基石;作为教师，能宽容学生的错误，不少时候是促使学生转变的一种力量。宽容有的时候表现出一种让人放心的宽厚。《南方周末》刊载过这样一篇文章《语文老师宽厚的精神成就了我》，文章这样介绍道:四十多年前的一堂语文课，深深影响了我。1975年，我读初一。教语文的何老师是位仁厚长者，一天讲解作文，点我名字，说我作文写得好，让我站起来朗读。我既高兴又汗颜，高兴的是站起来露脸，汗颜的是我的作文题目叫《防微杜渐》，但我并不知道"防微杜渐"是什么意思。事情是这样的:老师说，《记一件有意义的事》你们写过多次了，这次写一篇发现自己不足后如何提高自己、如何改进的作文。我现在已记不清内容，只记得写完照例交给父亲，父亲把标题改成"防微杜渐"，我当时的语文水平不高，并不知道防微杜渐是什么意思，抄誊了也就交上去了。老师表扬这篇作文，作为范文，让我朗读给同学听。学习成绩平平的我，那天算是出够了风头。刚开学不久，正是起诨名的时候，许多同学就叫我"防微杜渐"。我们昭通苹果多，校园里也有，同学追着我说："'防微杜渐'，走，摘苹果去!"工作以后，几个同学去看何老师。我单独和她提起这件往事，我说其实我当时并不知道"防微杜渐"这个词，这个词是我父亲加上去的。她说："我当时也知道不是你写的，你们的水平我知道，不会写出'防微杜渐'这个词来。但是我觉得，当时的这个词，是值得在班上给同学读一读的。"此时有人可能会说：你的老师是否真的有这种宽容的精神？凭我对老师的了解，我相信老师说的是真话。她的宽厚，让我那堂课后去认真查阅"防微杜渐"一词，我也喜欢上了其他成语。因为经常翻看成语词典，时间久了，我的用词造句也比班上同学高出了一截。成语一般来自古文，研读成语的同时，我也推进了对古文的学习。所以，高考的时候，文言文的题我应当是满分。读书写作，从此也成为我的爱好。① 面对"弄虚作假"的学生，如果当时教师加以批评而不是给以善意的宽容，可能就没有后来那个通过成语而进入语文学习境界的人。当然，不管是同学之间，还是师生之间，都是有限度的，只有当问题达不到严重的地步时，你宽容别人，才会形成和谐致善的局面。肖川指出：宽容的深刻含义就在于对自己所不认同的对象也能报以审慎的态度，而对别人所信赖的事物又能假设它确有合理之处。不以宽容精神行事，必然导致偏执。而偏执不仅会使原先有益的东西变得有害与可恶，还往往会以拙劣压制优秀，以腐朽抗拒神奇，以僵化排斥创新。② 具有宽容品格的人，总能以自己的努力，创造一种和谐美善的境界，因此，培养学生这样的品格，是落实"行明礼致善之道"办学理念需要的。

落实学校"行明礼致善之道"的办学理念，并不是仅仅塑造学生这四个方面的优秀品格，但这四个方面从某种意义上来说是必要的。所以，我们提出并加以论述。

---

① 周洪：《语文老师宽厚的精神成就了我》，载《南方周末》，2018-06-14。
② 肖川：《教育的理想与信念》，192 页，长沙，岳麓书社，2002。

第十四章

"礼善"与"求人性教育之真"

真正美好的教育，是对美好人性的塑造。遵"礼"则"善"，为"善"定合"礼"。人之为人的根本就在于把人类文化中的美好记忆活化在个体身上，由此而让个体活在人类之中，上升到人类精神的高度。[①] 我校把"求人性教育之真"作为学校"礼善"文化的系统内容之一，其目的就是落实教育培养美好人性的目标。

一、"人性"与"美好人性" >>>>>>>

何为人性？顾名思义就是人所具有的特性。搜狗百科上说人性在日常用语上有狭义和广义两方面：狭义上是指人的本质心理属性，也就是人之所以为人的那一部分属性，是人与其他动物相区别的属性；广义上是指人普遍所具有的心理属性，其中包括人与其他动物所共有的那部分心理属性。孔子说"性相近，习相远也"，以此而得以将人性划分为先天性和后天性两种。人性这一概念目前没有统一的说法。我国古代是从伦理学上来划分而不是定义它的。比如，孟子认为人是善的，荀子主张人性恶。孟子是性善论的代表人物，《孟子·告子上》是这样说的："恻隐之心，人皆有之；羞恶之心，人皆有之；恭敬之心，人皆有之；是非之心，人皆有之。恻隐之心，仁也；羞恶之心，义也；恭敬之心，礼也；是非之心，智也。仁义礼智非由外铄我也，我固有之也。"孟子所说的恻隐之

---

① 刘铁芳：《什么是好的教育——学校教育的哲学阐释》，25页，北京，高等教育出版社，2014。

心、羞恶之心、恭敬之心、是非之心都是一系列的心理活动。孟子通过对人普遍的心理活动的阐述得出了人性是善良的结论。荀子则是我国人性论史上性恶论者的代表，他说"人之生固小人"。"人之生固小人"就叫作"性恶"。至于仁义，则是由后天所学、所行、所为而获得的。对人性认识的不同，就决定了他们哲学的起点不同。所以，孟子强调行仁义，荀子强调后天的教育。

而我们认为，人性不是空洞的，是在一定社会制度和一定历史条件下形成的人的本性，是人的自然属性、社会属性、精神属性三而为一的整体。正因为如此，人性的形成是复杂的，人性也是复杂的。它作为自然、社会、精神几方面结合的产物，由于问题的复杂性，它就有多种可能性。张应杭在《人生美学》中指出：马克思历史唯物主义认为，没有抽象普遍共同的人性，因此人性作为可能性，必然具体体现在不同的人对这个可能性的自觉或不自觉的追求之上。善之性是可能性的一种结果，恶之性也是可能性的一种结果。所以培根提出的如下一个观点是正确的——人性中的确有向善的倾向(友谊、同情、善良、正义)，但也有恶的倾向(嫉妒、憎恨、野心)。[①] 也正因为人在社会影响下，有形成善好人性或者恶劣人性的可能性，这也看出教育的重要性。对于人性的问题，西方人一般说一半是天使，一半是魔鬼。这种对半分的说法似乎太绝对，但是，人性有善恶这是人所共知的。而哲学人类学认为，人是未完成的动物，特定化是人的本性。冯建军在《生命与教育》中也指出：人的本质就在于创造和实现具有价值和意义的完美的类生命，但类生命的实现离不开种生命提供的自然基础，否则，人就不是人，而成为"神"。[②] 其实，这里同样指出自然生命和社会生命的相互关系，其指向的是人要通过教育才能向好的内蕴。

人是人性的产物，人所形成的人性特质支配着人们的言行，也就是说人的存在是以人性表现出来的。人生无非是人性的不断丰富、表现和改善的过程而已。当然，一般谈到人性都是指好的一面，比如善良、仁慈、纯洁，而当一个人没有人性的时候，也就说是，他已经没有了人应具有的美好的东西。作为教师，对人性的形成、特点等进行研究，是我

---

① 张应杭：《人生美学》，41 页，杭州，浙江教育出版社，2004。

② 冯建军：《生命与教育》，8 页，北京，教育科学出版社，2004。

们进行良好道德教育的基础。教育就是人的教育，就是对善好人性的塑造。休谟在其《人性论》中指出：在我们的哲学研究中，可以希望得到最重要意义的是人性的研究，这个研究可以扩展和影响到人生所有的方面。[①] 人的历史也只不过是人性改变的历史而已，所以，学校提出"求人性教育之真"的理念，其用意是比较深沉的，定位是比较高的，追求当然也是比较辽远的。可以说，它是我们教育的基座，我们的教育抓住了"人性"培育这一核心，也就抓住了德育的关键。那么，什么是美好的人性呢？

先看下面这两个例子：

2008 年 5 月 12 日，四川汶川发生了大地震。5 月 13 日中午，救援队员在北川县一座被大地震震塌的房屋废墟里施救一位年轻女性时，看到她双膝跪地，整个上身向前匍匐着，双手扶地支撑着身体……救援队员从空隙伸手进去，确认她已经死亡。救援队员又冲着废墟大声呼喊，没有任何回应。救援队走向下一片废墟时，队长好像意识到什么，他迅速返身跑回到那位女性身边，费力地在那位女性的身下摸索着，突然，他大声喊着："还有个孩子，还活着！"一番艰难的努力后，人们终于把孩子救了出来。孩子躺在母亲身下的一个小被子里，约三四个月大，因为有母亲的身体庇护，孩子毫发未伤。随行的医生过来准备给孩子做检查，发现有一部手机塞在被子里，医生下意识地看了一下手机屏幕，发现屏幕上是一条已经写好的短信："亲爱的宝贝，如果你能活着，一定要记住我爱你。"在大地震面前，一位年轻母亲的母爱，创造了一个看似不可能的奇迹。从这里我们感受到一个母亲面对死亡时的镇定、坚强，感受到她伟大的人性。

2018 年 6 月 11 日，河南省信阳市浉河区董家河镇绿之风希望小学的李芳老师带着学生们从三楼教室下楼、操场排队，准备护送孩子们回家，当走到学校大门往东 50 米处的十字路口时，和往常一样，李芳在前面带队领着孩子们通过路口，后面其他老师督促学生抓紧时间过马路。绿灯亮了！当李芳和孩子们快要走到马路对面的时候，突然，一辆装满西瓜的深红色三轮摩托车自北向南冲来，在下坡路段越来越快。"快跑开，刹车失灵了！"三轮车司机大喊。"有车，快躲开！"在短短的几秒钟，李芳一

---

① ［英］休谟：《人性论》，关文运译，7 页，北京，商务印书馆，1980。

边呼喊一边冲上前去挡在学生面前，并奋力推开受到惊吓的学生，而她自己却来不及躲开迎面冲来的三轮车。李老师被撞到了距离学生倒地10多米的地方。4名孩子得救了，李芳却因伤势严重，于6月13日凌晨医治无效，英勇牺牲。

在这两个例子中，他们在困难和危险中所表现出来的这种敢于牺牲、镇定自若，这种临危不惧、舍己为人、英勇无畏，这种在危险面前为了他人的生命勇往直前、敢于牺牲的精神都是一种美好的人性。真正美好的人性，充满着正能量，使我们感到人生的美好和温暖，感到人生的大爱悠扬，感到社会的无限美好，这种人性同样促使社会和谐，净化人们的心灵。美好的人性是创造美好社会的最根本的要素。它是人生的坐标，是思想、行为、灵魂的指引。当然，美好的人性不仅仅指上文所体现的内容，还包括传统意义上的理性、自由，包括责任与合作意识、公正和平等意识、宽容和接纳不同民族与文化的意识、维护社会公德与秩序的意识，等等。人性的核心是人文关怀，这是一种"善"，这是我们从事德育应该清楚的问题。

二、"礼善"与"求人性教育之真" >>>>>>>>

道德教育最高的追求，应该是培养人美好的人性，美好的人性是人生良好行为的坐标。教育活动的关键是人的潜力如何最大限度地调动起来并加以实现以及人的内部灵性与可能性如何充分生成，质言之，教育是人的灵魂的教育，而非理智和认知的堆集，通过教育使具有天资的人，自己选择决定成为什么样的人以及自己把握安身立命之根①，而一个人的人性就决定了其是什么样的人，人性显然也就成了一个人的安身立命之根。

人性的培养实质是一种生命修炼。当然，由于年龄的不同，其修炼的方式不一样，如果低年龄的人其人性培养靠熏陶的话，随着年龄的增长其修炼的特点会越来越明显。真正的人性是一种品行和习惯，是自然而然的言行举止。正因为如此，人性才需要修炼、需要自我锻造。无数

---

① ［德］雅斯贝尔斯：《什么是教育》，邹进译，3～4页，北京，生活·读书·新知三联书店，1991。

事实证明，对于人性中的缺陷，靠别人生硬地指出、批评甚至要求强行改正，不仅起不了多大作用，有时还会让人产生强烈的抵触情绪，而如果在安静的时候，通过自我的心灵洞察和反省，把问题想清楚了，其转变可能也就开始了，美好的人性之光也会逐渐地闪现出来。所以，美好人性的形成首先要自省。

自省即自我省察，也就是自我评价、自我反省、自我批评、自我调控和自我教育。这是曾子提出的一种自我道德修养的方法。他曾经说"吾日三省吾身"，即检查自己"为人谋而不忠乎？与朋友交而不信乎？传不习乎？"意思是："我每天多次自己反省：替人谋事有没有尽心尽力呢？与朋友交往是不是诚实呢？老师教授的学业是否复习了？"从句子的内容看，它有两个层次，一是说每天要进行多次反省，二是说反省的具体内容。曾子的反省，每天不是一次，而是多次，可见反省对人性修炼的重要性。孔子也强调说："见贤思齐焉，见不贤而内自省也。"这里把反省的目的说得更清楚了。荀子在《劝学》中也说："君子博学而日参省乎己，则知明而行无过矣。"可见反省是古人强调的重要的美好人性的修炼方式。毛泽东把人的反省作为党的一种民主生活来提倡，即批评和自我批评。他认为反省或批评和自我批评使一个人成为"一个高尚的人，一个纯粹的人，一个有道德的人，一个脱离了低级趣味的人，一个有益于人民的人"。① 苏格拉底说，未经省察的人生没有价值。省察什么，省察自己的言行，省察自己的心灵，一句话省察自己的人性。只有省察自己、反思自己，才能使自己有美好的道德人性。不省不知错，不省不知差距，不省不知发愤，不省不能超越。反省是美好人性形成的必经之路。教师如此，学生也如此。

美好人性的修炼，除了自省以外，必须要立志。在对美好人性的追求中，立志是起点。立志也就是明确我要做怎样的人，它是人性修养的愿望和动力。在日常交往中，会经常发现不少所谓聪明的人，由于没有对美好人生的追求，所以总是浑浑噩噩，一生也做不出什么成绩，这都和没有志向有关。当一个人没有了追求美好人性的志向，人生也就没有了一种对自己的限定。鸟贵有翼，人贵有志。人没有理想，就像在茫茫大海中随波而动的帆船，最终只会在大海中湮灭。"器大者声必闳，志高

建构以"礼善"为核心的德育体系

---

① 《毛泽东选集》第2卷，660页，北京，人民出版社，1991。

者意必远。""所见大，则所志大；所志大，则所学大；所学大，则所思大；所思大，则所为大。"立志，才能激发自己的潜力，生发强大的动力。丈夫志不大，何以佐乾坤？远大的志向可以造就伟大的人物，这自不待言。当把修炼美好的人性当作自己志向的时候，人生也就有了正确的方向。古代的先贤无疑给我们树立了榜样。诸葛亮少年时代，从学于水镜先生司马徽，他学习刻苦，勤于用脑，不但司马徽赏识他，连司马徽的妻子对他也很器重，喜欢这个勤奋好学、善于用脑子的少年。那时，还没有钟表，计时用日晷，遇到阴雨天没有太阳，时间就不好掌握了。为了计时，司马徽训练公鸡按时鸣叫，办法就是定时喂食。为了学到更多的东西，诸葛亮想让先生把讲课的时间延长一些，见先生总是以鸡鸣叫为准，于是诸葛亮想：若把公鸡鸣叫的时间延长，先生讲课的时间也就延长了。于是他上学时就带些粮食装在口袋里，估计鸡快叫的时候，就喂它一点粮食，鸡一吃饱就不叫了。王羲之小的时候，练字十分刻苦。据说他练字用坏的毛笔，堆在一起成了一座小山，人们叫它"笔山"。他家的旁边有一个小水池，他常在这水池里洗毛笔和砚台，后来小水池的水都变黑了，人们就把这个小水池叫作"墨池"。当然，这些人都是立志成才，成才中同样有刻苦勤奋的人性在，正因为如此，他们才成为令人称颂的大家伟人。一个道德高尚的人即使在"富""强"价值上持积极进取的态度，也不会由此滋长那系于一己之私的贪欲和权势欲；一个品格低俗的人即使处于审美的情景中，那无意或有意捕捉到的"美"也决然不会有"崇高"的状态，并且，即使是发生在这里的"优美"也难免随其趣味向"媚美"处滑落。[1] 可见优美人性的重要。因此，引导师生立大志、修炼美好的人性，是我们应承担的责任和使命。

修炼美好的人性，除以上两点以外，坚定的意志、实践行为等也是重要的方面，这里不再详述。下面再从另外的角度谈两点方法。

广泛阅读是美好人性形成的最好方法之一。所谓阅读改变人生是也。一个人的人性成长史就是其阅读史。朱永新说：读书正如饮食，不同的饮食往往造成人不同的营养结构，不同的书籍也同样造成人不同的精神结构。大教育家苏霍姆林斯基说得好，要培养一个人，设计一个人的个性，就努力帮助他从小学建立起自己的"小藏书箱"，建立他独特的读书

---

[1] 黄克俭：《黄克俭论教育·学术·人生》，158 页，上海，华东师范大学出版社，2013。

体系。[①] 从这些论述中，我们看到读书对人性的重要作用。读书改变人性，"人之气质，由于天生，本难改变，惟读书则可变化气质。"读《诗经》，我们会感受到古人的纯真人性；读李白，我们会感受到他豪迈飘逸的真性情；读杜甫，我们会感到他沉郁顿挫的忧国忧民之情；读鲁迅的小说，我们会感受到他"心事浩茫连广宇"的情怀；读雨果的《巴黎圣母院》，我们体会到什么是真、什么是善，什么是美，等等。正如培根所说，凡读书，必改变性情。

再者，要勇于面对现实问题，以批判和思辨的态度，增强对美好人性的认知，夯实美好人性的根基。

我校在建构"礼善"文化中，以"求人性教育之真"为办学理念。如何把这一理念落到实处，从而使我们的学生具有美好的人性，我们必须全面系统地对人性问题进行研究，而采用什么样的方法，怎样达到我们的目标，则考验着我们每个人的学识及智慧。

建构以「礼善」为核心的德育体系

---

① 朱永新：《新教育》，206 页，桂林，漓江出版社，2014。

第十五章

"礼善"与"行走德育"课程

在"礼善"文化建设中，我们采用了很多有力的措施，"行走德育"建设就是其中之一。我们说，德育就是育"德"。"育"是培养、培护、养育，它是一种渗透，一个过程。而"这里的'德'指的是人的德性，德育就是培育德性的过程，其本质上是人类一种特殊的精神建构过程。无论是个人品质的转化与培养还是人自身的超越，无论是人的理性与自由还是师生之间的沟通与交往，无论是个体的价值建构与整合还是人与人之间的生活方式，这些研究者对德育的不同认识都指向了同一个世界——人的精神世界，都蕴含了同一个理想——人的精神建构"。[①] 这就充分说明了"礼善"德育的特质，即建构人的精神世界，也就是通过"礼善"德育改变人的精神和灵魂。

如何达成通过德促使"人的精神建构"，方法肯定是比较丰富的，实施"行走德育"策略，建设"行走德育"课程，无疑是"礼善"文化建设的一种应该选择的路向。

一、行走及"行走德育" >>>>>>>

说到"行走"，我们的眼前会出现一个生动的景象："暮春者，春服既成，冠者五六人，童子六七人，浴乎沂，风乎舞雩，咏而归。"一群学生，在明媚的春日，沂水之旁，聆听着大师的教诲，其意何等畅快。再往下，

---

① 李太平、刘亚敏：《学校德育的使命——重建中华民族共有精神家园》，22 页，武汉，湖北教育出版社，2013。

书法家王羲之在绍兴之兰亭和一群文人雅士，安坐于潺潺流波之侧，漂漂乎酒杯顺流而至，每漂至谁的眼前，谁就端起酒杯一饮而尽，乘着微醺啸吟作诗，其乐何其融融。中国历史上有多少或登高眺望，怀远叹逝；或思乡怀古，励志抒怀；或把酒临风，对月抒怀；或负箧拜师，求学问道；或仗剑远游，报效祖国。不管王朝如何更迭，不管世事如何变迁，唯有青山碧水恒常如新。于是便有一些胸怀坦荡之士，他们品格高洁，一心向往美好，在历经宦海数度沉浮之后，终于寻找到一条通往永恒的美学之路——行走在山水之间，他们一路欣赏美景，抒发心灵的所思所感，使灵魂得到了救赎，是谓"山河澄正气，雪月助宏才"。不知是山川陶冶了诗人的灵性，还是诗人成就了大自然的丰富。唯有行走在天地之间，其诗才显出其细腻辉煌。不管是热爱山水的王维，还是亲近山水的陆游，他们都在行走中，反观社会人生，写出了许多脍炙人口的名篇佳作，传诵千古而不衰。"天地一何阔，山川杳茫茫。""树色野桥暝，雨声孤馆秋。南北眼前道，东西江畔舟。"行走是一种开放，一种寻求，一种陶冶，一种发现。多少诗人通过行走，载着无定的命运，载着无边的思念，载着无限的情怀，"长风破浪会有时，直挂云帆济沧海"。他们一路行走在山水之间，且行且歌，最后直达人的性灵，"飘飘何所似，天地一沙鸥"。群山苍茫，云水浩荡，自然山水以其千变万化的色彩和形态，映射着人类心灵中最幽微、最细密的情思，暗合着诗人千态万状的思想和情感，轻轻抚触着他们那颗易感的心灵，于是诗人与山水彼此应和，情随境生，辞发于内，情景交融，情与景、景与文，在山水诗中达到和谐的至境，"晴空一鹤排云上，便引诗情到碧霄"。这就是"行走"在我们面前所展现的一种景象。对于很多人来说，许多年后，课堂上的讲义、考试时的成绩可能早已被慢慢淡忘，但修学旅行中的激动、紧张、新奇却永远留在记忆深处，对自然的热爱、对友谊的珍视也都随着修学旅行潜移默化地融入他们的血液中。[①] "行走"本身就是一种对山川自然、文化古迹、现实世界的真实抚摸，是对文化上的一种亲近，它的价值是在亲历中思想得以提升，亲为中情感得以陶冶，亲触中灵魂得以升华。

　　"行走德育"，顾名思义，是通过让学生对自然山川、文化古迹的游

建构以「礼善」为核心的德育体系

---

　　① 陈世华：《行走中的"必修课"——日本修学旅行让孩子触摸真实的世界》，载《光明日报》，2017-10-07。

览或对实体业态的参观、研究，或组织学生参加某种实践活动而实现德育目的的一个过程。行走的要义，是行动，是实践，是亲历，是感受，是研读。行走把德育活动放置在一个广阔无边的社会大视域中，给德育工作一种多元而丰富的选择。"行走德育"是一种重返教育与学习本质的教育模式，它可以给孩子提供一个跳出现代教育体制，感受真实生活的机会，让孩子们接触到平时接触不到的生活方式、生活内容，同时体验和书本课堂完全不同的学习方式，这对他们认识世界、认识自我和认识学习都有深远的意义。① 当然，这种"育德"的特点是无声的、隐形的、浸润性的，作用是长效的。同时它也是灵动的，而不是静止的；是活色生香的，而不是呆板凝滞的；是实实在在的参与，而不是生硬的说教和灌输。它是"润物细无声"的教育。"行到水穷处，坐看云起时"最能概括它的蕴含和效用。

谈到"行走德育"，我们可从"德"字的本意中看其渊源。"德"甲骨文原意指"直视前方的行走，直心为德"。"德"也通"得"，是指反思内化，认同于心，方可成德。有学者曾经考证"道"的原始含义指"道路"，"德"的原始含义指"人直视前方行走之类的具体行为"。这个定义告诉我们，道德养成，最终离不开实践和行动。

"行走德育"有其深刻的理论基础。如果"行走"的前提是"知"，那么，"行走"则是知的落实。"行走德育"的基础就是知行合一。在我国历史上，无论是政治家、军事家，还是科学家、文学家等，没有不注重身体力行、坚持知行哲学的。知行合一已成为我们道德哲学和人生哲学的基本原则。习近平指出，幸福是奋斗出来的，撸起袖子加油干；李克强也说，喊破嗓子，不如甩开膀子。他们都强调当有了一定的认知和目标，行才是最关键的。其实"知"与"行"这一对概念及其关系在我国典籍中早就出现过。《左传·昭公十年》中有"非知之实难，将在行之"的提法。作为一种思想哲学建构起体系的是王阳明，他针对当时程朱"知行二分"说的流弊正式提出了"知行合一"说。他的知行合一有两层意思。一是知中有行，行中有知。知行是一回事，不能分为"两截"。他说："知行原是两个字，说一个工夫。"从道德教育上看，他极力反对道德教育上的知行脱节及"知而不行"，突出地把一切道德归之于个体的自觉行动，强调人的主体的重要，

---

① 李通：《在游学中认知自我》，载《光明日报》，2017-10-07。

这是有积极意义的。道德意识离不开道德行为，道德行为也离不开道德意识。二者互为表里，不可分离。知必然要表现为行，不行不能算真知。他认为良知无不行，而自觉的行，也就是知。二是以知为行，知决定行。他还说："知是行的主意，行是知的工夫；知是行之始，行是知之成。"也就是说，道德是人们行为的指导思想，按照道德的要求去行动是达到"良知"的工夫。在道德指导下产生的意念活动是行为的开始，符合道德规范要求的行为是"良知"的完成。他全面系统地论述了知行的关系，也决定了它的价值和意义。美国的实用主义哲学家杜威对其也进行了深入的研究，他指出：知识不是孤立的、自我充足的东西，而是包罗在用以维系和发展生活的方法里；"行"是指他所强调的经验，在他看来，"经验"既是知识，又蕴含着实践；他提出了在"做中学"的观点，以及源源不断获取经验的方法论。① 杜威的学生，我国著名教育家陶行知先生坚持辩证唯物主义知行统一观，在批判地继承了其他理论家关于知行合一思想的基础上，创立了"生活教育"理论，提出了"生活即教育""教学做合一"及"社会即学校"的教育思想，这些思想其指向性同样是社会实践，是"行"。他指出："思想与行为结合而产生的知识是真知识，真知识的根是安在经验里的。""有行动之勇敢，才有真知的收获。""行是知之始，知是行之成。"这里都强调了"行"的重要性。这些都为"行走德育"提供了较强的理论支撑。

二、"礼善"与"行走德育"课程 >>>>>>>

"行走德育"目前来看无疑是新形势下的新事物，其特点、效用，其组织、课程等一系列问题有待研究，其"礼善"特质有待进一步探究。那么，"行走德育"课程有什么样的特点呢？

第一个特点，"行走德育"能拓宽视野，陶冶心胸，培养意志。"走"就是行走，是对远方的向往。古人有"读万卷书，行万里路"之说，也就是说，人在成长中，"读万卷书"是重要的，"行万里路"同样是重要的。对于一个人视野的形成，两者都有不可替代的作用。仅仅"读万卷书"可

① ［美］约翰·杜威：《确定性的寻求》，傅统先译，22 页，上海，上海人民出版社，2005。

能浮、可能漂，因为它是纸上的东西，所谓"纸上得来终觉浅"；而"行万里路"即是对书上内容的印证、体验，同时"行万里路"本身也是一种阅读，对山川万物的阅读，它和纸上阅读一样，起到开阔视野，提供认知的作用。"行万里路"由于是亲力亲为，可能更深刻，而它的另一个作用，就是对"万卷书"的内容，能得到充分的印证，加深对"万卷书"内容的理解。那么，"读书"和"行走德育"课程有什么样的特点呢？

"读书"和"行走"相结合的视野，是一种深度视野。其实，阅读和行走是一对孪生兄弟，阅读是打开视野，寻找更多美丽的风景，抑或借助他人的眼睛，发现身边熟视无睹的社会之美、自然之美，并窥见景色背后的历史脉络；行走则是与社会、大自然面对面地接触，将历史与现实对接，用各种感官去感知自然的神秘与伟大。纸上的大自然固然优美，但现实中的自然更吸引人。这就像突然喜欢上一位未曾谋面的人，阅读是主动了解他的过去与现在、他的心性与品行；而行走是不远千里只为了见上一面，从而立体地熟悉这个人。我们伟大的祖国，地域之大，自然资源之丰富，历史之漫长，可谓是一本本厚重无比的书。阅读与行走的结合，既有助于学生发现隐藏在现实背后的历史，又能让他们触摸到历史从远处走来的现实感，从而更深刻地了解脚下这片大地。尤其是当学生逐渐长大，他们就不再满足于单纯地看风景，他们更想知道这块土地之前是什么模样，生活过哪些人，发生过哪些故事。对于那些伫立在大地上几百年甚至上千年的人文景观，他们亦想一问究竟。况且，有很多事物是很难描述的，最好的方法，就是去行走，通过行走，了解历史沿革，了解风云激荡，了解历史的壮伟及峥嵘，通过行走增加热爱祖国的豪情壮志，在和历史优秀人物的"接触"中，培养自己的正义感和奋斗意识，并在行走中收获勇敢、坚强，培养自己为了理想而努力的精神，获得对意志、困难乃至人生价值等的重新认识，从而使自己变得不同。

诗人如此，学生有效的行走也如此。我们所开发的"重走大运河""重走丝绸之路""探访王阳明之旅"等课程，对开阔学生的心胸、培养学生意志等有着不言而喻的作用。

第二个特点，"行走德育"有很强的目的性。既然是德育，它就不同于一般的旅游。一般的行走或者参观，往往随意性比较大。还有，不少地方提倡行动或者"行走德育"，但在具体的操作中，缺乏必要的准备，其目标如何，过程如何，一般都比较笼统而不具体。"行走德育"变成了一般旅游，行走后的简单总结，变成了学生的简单的"游后感"，行走和德育成了两张皮。其实行走是一种选择性德育。随着改革开放的深入，国际交流的增加，信息技术的发展，多元文化如潮水般涌来，价值迷失成为一种时代症候，要重建人的价值体系，必须让人们在行动中去发现人生的意义和价值，实践是检验真理的唯一标准，行动德育可以帮助学生根据复杂的现实生活做出切合实际的道德选择。[①] 既然行走德育是根据复杂的现实生活，帮助学生进行道德选择，其"行走"路线的选择也是非常重要的，它必须合于德育目标。比如，现代社会比较复杂，人们面对复杂而变化迅捷的社会，人心浮躁，有时找不到生命的方向，为使学生增强生命的定力，在未来的社会中坚定自己的人生追求，最近我们的"行走"便选择了对王阳明的出生地余姚进行研习。王阳明生于明朝中期，那时政治腐败、社会动荡、学术颓败，他试图力挽狂澜，拯救人心，乃弘扬"身心之学"，倡良知之教，修万物一体之仁。王阳明不仅是宋明心学的集大成者，一生事功也是赫赫，故称之为"真三不朽"(太上有立德，其次有立功，再次有立言，虽久不废，此之谓三不朽)。王阳明是改变世界的心灵导师，阳明心学是一剂提升自我、拯救时弊的心灵解药，阳明心学的核心精髓——心即理、知行合一、致良知，旨在让人们学会开启和运用与生俱来的正能量，强大内心，洞彻世事，走出人生困局，成就辉煌事业。他认为"天理"就在每一个人的心中，要求人们知行合一，通过提高自己内心的修养和知识水平，去除自己的私欲与杂念，从而达到社会的和谐运行，即所谓的"致良知"；教化人们，应将道德伦理融入人们的日常行为中去，以良知代替私欲，就可以破除"心中贼"。他认为只有疗救了人心，才能拯救社会，只有去除了每一个人内心世界的"恶欲"和"私欲"，才能解决现实社会问题。立德、立功、立言是古人实现自己人生价值的最高境界，王阳明用自己一生的行动实现了人生的最高价值。这样的有目的的"行走"和单纯的旅游观光，其"德育"的效果显然是不同的。

我们暑期组织学生进行大运河之行，其德育的目的性也是很强的。"重走丝绸之路""重走大运河"双遗产研学课程是"行走德育"课程的重要组成部分。"行走"是一种系统的学习锻炼的过程，在这一过程中，它既

---

① 刘云生：《走向行动德育》，载《中国德育》，2010(9)。

体现"礼"的规范，否则无从行动，也展现"善"的获得。

通过校内遗产课堂和校外丝路运河遗产研学，学校把课内学习和行走课堂相结合，选修课程和行走德育相结合，利用每周选修课落实丝路运河课程。与此同时，学校还积极与专业机构合作，利用寒暑假继续跟踪落实开展丝路运河研学旅行课程。"浙东运河"一日研课程就是学校选修课程"小宋带你看世界"的课外实践，体现了课内学习和行走课堂相结合，选修课程和行走德育相结合的课堂模式，而且与文物保护单位合作，聘请水文运河方面的专家教授全程为学生提供专业指导。学生于课堂上感知丝路和运河文明，并在此基础上，通过重走丝路和运河古道，切身体验丝路运河文明，融入丝路运河的浓厚的文化"气场"之中，全身心地沉淀下去，用眼睛去观察，用心灵去体验，发现更多的文化闪光点，挖掘更加深厚的文化精髓。

另外，学校还通过建立学生社团，成立世界遗产讲习团体(世遗志愿者、世遗小导游)，举办世界遗产惠贞青年论坛，设立世界遗产惠贞宣传日等方式实施课程。丝路运河课程是惠贞书院积极践行丝路运河遗产保护和利用、运河文化传承和弘扬的使命担当，能够充分增进学生对历史文化的认知，激发人文情怀，培养和树立学生对中华民族的爱意与敬意，建立学生的文化自信，使他们承担起传承丝路运河文化与华夏文明的责任，助推丝路运河文化弘扬光大。

"行走德育"是一种目标明确的德育行为。它不是架空分析，不是空穴来风，不是成人一厢情愿地对学生施加影响，而是在学校的组织下，通过引导学生对文化线路、文化存在的物质载体有计划的研习，捕捉道德生长点，矫正道德偏差，促进道德习惯和智慧的形成。也就是说，有效的"行走德育"必须有明确的目的性。

第三个特点，"行走德育"是"行走"和研习的结合。如果说"行走"着眼于线路、业态观察或采集、动手实践等，那么研习就是其目标，是对文化的深入挖掘和研究。行走本质上是一个探索发现的旅程，学校教育的知识是"别人的发现"，而游学是一个自我发现的过程，是获取知识的方法和实践[1]，并在研究中产生新的认知、体会，从而重新影响、建构自己的心灵结构。"行走德育"如果没有研习，其德育的效果就会打折扣。

---

① 李通：《在游学中认知自我》，载《光明日报》，2017-10-07。

"行走德育"说白了就是通过"行走"来实现育人的目标。"行走"实质上是一种文化考察，是引导学生和不同的文化形态的相遇和对话。

以浙江为例，去河姆渡我们通过研习会了解祖先在新石器时代农耕、畜牧、建筑、纺织、艺术等方面的艰难创造，了解中华文明起源时候的状态，增强对古代文明的认知与感受，增强学生对民族文化认识的纵深感。到杭州西湖"行走"，我们会感受到西湖是中国儒、释、道文化的一个缩影。不少景致内涵丰厚，其教育意义多元。其精致的一山一池、一花一水、一条小路、一个点缀都表现了南方人的生活态度和审美追求。行走中研读灵隐寺、净慈寺等寺庙，可了解东晋以来中国佛教文化的发展史。去"西湖三杰"——岳飞、于谦和张苍水及与之相关的文化遗迹，可了解忠孝文化，以及人们对忠奸——"青山有幸埋忠骨，白铁无辜铸佞臣"势不两立的态度，使学生通过对先贤的拜谒达到净化心灵、提升热爱祖国的情感、忠于祖国与真理的目的。通过林逋"梅妻鹤子"的故事，了解中国文人的隐士风范及东方文人独特的生活方式或生活态度。苏堤、白堤的行走除了被其美景所感染，也会被为民造福的精神所感动，也会燃起建功立业的豪情等。正如余秋雨在《文化苦旅》中所说：西湖胜迹中最能让中国文人扬眉吐气的，是白堤和苏堤。两位大诗人、大文豪不是为了风雅，甚至不是为了文化上的目的，纯粹为了解除当地人民的疾苦，兴修水利，浚湖筑堤，终于在西湖中留下了两条长长的生命堤坝。[①] 当然，到嘉兴南湖，还可以了解中国共产党第一次全国代表大会的情况，了解共产党人的"初心"，提振民族自豪感，激发对党的热爱，等等。

以宁波本厢为例，在漫长的历史发展中，宁波孕育出内容丰富的地域文化，构建了具有江南水乡浓郁特色的城镇、村庄、街区和建筑，留下了大量历史价值高、文化内涵深刻、地域特点鲜明的人文古迹和历史遗存。这些遗存不少和历史上的杰出人物相关。宁波历史上出现过像虞世南、严子陵、方孝孺、王守仁、朱舜水、黄宗羲、范钦等文化名人，他们和古文化遗存相互映照，形成良好的教育资源。重视这些文化遗存及名人，从他们的身上挖掘"礼善"因素，对学校的文化建设、人才培养，无疑是非常重要的。首先，我们以教师为主导力量，爬梳甬上乡贤对于城厢文化的著述，厘清城厢文化及乡贤文化。其次，利用高一学段教授

建构以"礼善"为核心的德育体系

---

① 余秋雨：《文化苦旅》，148 页，上海，东方出版中心，2001。

选修课、语文课等人文类学科课程的机会，向学生初步灌输甬上建筑文化知识、乡贤知识，招募并最终确定对此项研究持有浓厚兴趣的学生。最后，我们有效利用高中的秋假、春假、寒暑假等大小假期，以宁波古罗城十门为环，分三期设计路线，第一期的行走考察由永丰门始，第二期的考察利用了《宁郡地舆图》，第三期以月湖为核心，探访了秀水历史街区、孝闻历史街区、天一历史街区、月湖十洲、南塘历史街区、祖关山名人墓葬等还幸存有古建城厢的遗迹。俯揽宁波城厢，我们感觉到纵深展开的深重的文化光影，卓然不群的甬上风华，与此刻的我们交错融汇。感知宁波城厢范围内的乡贤名人文化，以乡土文化感化身在宁波的孩子们的心灵，将感性与理性碰撞，让认识观与实践观向前推进。通过人文德育的视角挖掘并研究普通高中校园活动中的德育价值，对于优化中学校园活动质量、增强中学校园"礼善"育人功能、提高中学"礼善"德育工作的实效性等具有重要的理论意义和实践价值。

从以上举例中，我们可知，行走本质上是一种文化触摸，行走的过程就是接受文化熏陶和浸润的过程。根据图式理论，人的认知不是一张白纸，而是一个敞开的结构，它有同化和顺应的作用。儿童是自己道德的建构者，儿童的思维发展是道德发展的必要条件，任何来自外在的影响都只有通过儿童的认知结构的过滤才能发挥作用。[1] 也就是说，在行走前如果学生没有一定的文化储备，其认知、感受力就会很弱，其研习也就会没有支撑，所以要想使行走和研习相结合，学生只有具有了一定的文化储备才能做得到。当代著名散文家毕淑敏说：好的旅行应该如同呼吸一样自然，旅行的本质是学习，而学习是人的本能。[2] 行走只有和研习相结合，才能达到学习效果，才会具有触动心灵的境界。

第四个特点，行走德育的核心是体验。当我们真正"行走"的时候，无论是"游览"风景，还是考察某项业态，或进行某项采摘、手工等实践，我们就已经进入了一种文化场域。这里有历史的诉说，有情感的氤氲，有忠奸正义的激荡，有生命意志的弥漫，有智慧理性或理想的光芒。岳庙的忠奸对比、阳明故居"志不立，天下无可成之事"的精神、高科技产业区的创新热情及前景都会给人留下深刻的印象，思想情感也会受到一

---

① 朱小蔓：《教育的问题与挑战——思想的回应》，290 页，南京，南京师范大学出版社，2000。

② 毕淑敏：《带上灵魂去旅行》，3 页，北京，北京十月文艺出版社，2011。

定的熏陶，从而影响自己的价值观、人生观，影响自己的生命意志和追求趋向。因此"行走"的核心是体验，通过体验丰富自己的心智，通过体验完善自己的认知，增强生命的深度。何为体验？狄尔泰的生命哲学认为，体验特指"生命体验"，是一种生命认识方式。体验首先是一种生命历程、过程、动作，其次才是内心形成物。[①] 体验是个人独特的，通过反复亲历才获得的，对生命内在隐秘本质的把握。哲学家伽达默尔指出：只要某些东西不仅经历了，而且其所经历的存在获得了一个使自身具有永久意义的铸造，那么这些东西就成了体验。[②] 这里强调了体验的生命性、亲历性以及体验对自身"永久铸造"的作用。"行走"本身就是一种亲力亲为的生命活动，我们在引导学生对所历事物的"研习"中使体验由表面现象的观察，而到达内在的深度体验，从而起到德育的作用。曹明海指出：体验指向人的生命，以生命为根基，所以它必然是一种带有强烈感情色彩的心理活动。情感乃是生命活动的核心。没有情感的投入，自己无法形成体验，没有体验也就没有意义生成。体验的出发点是感情，体验者总是以内心的全部情感积累去体验和揭示生命的意蕴，而体验最后的归结也是情感，体验的结果常常是一种新的更为深刻地把握了生命活动的情感生成。[③] 这里指出了体验和情感的辩证关系，没有体验就没有感情，体验本身就是情感的反映，鉴于此，行走德育要想让学生在体验中促使更为深刻的"情感生成"，我们必须做足"行走"的准备，必须唤起学生的情感。比如，我们引导学生参观研习天下第一藏书楼"天一阁"之前，就需了解大藏书家范钦的历史，他的文化情怀，他在历史上所做的贡献，通过这些来唤起学生的敬仰、敬佩之情。这样，当学生"行走"到天一阁时，其深刻的生命体验才会产生，德育的作用也才会深刻地显现。

习近平在多次讲话中都指出，王阳明的一生真正做到了知行合一，他的心学正是中国传统文化中的精华，也是增加中国人文化自信的切入点之一，并且在多次重要讲话中，都力行倡导国人做到知行合一。如何让当代的高中生直接触摸、体验阳明心学，进而感悟王阳明的人格魅力来观照自己？如何挖掘昔日"心学"的思想，激发当代高中生"不虑而知，

① 王一川：《意义的瞬间生成》，5页，济南，山东文艺出版社，1988。
② 蒋成瑀：《体验：阅读教学的新航标》，载《语文学习》，2005(3)。
③ 曹明海：《语文陶冶性教学论》，101页，济南，山东人民出版社，2007。

不学而能"的"良知"，促进其个性形成与自主发展？我们举办了"追随阳明学圣贤"阳明文化研学活动。

利用暑假，学校先组织学生寻访阳明故居、中天阁、龙泉山、阳明洞天与阳明精舍等遗迹，有学生提问，"何为善？何为恶？"王阳明主张一念发动处便是行，知行合一，慎独，省察克治。王阳明经历数次平定民变后，深刻体会到"破山中贼易，破心中贼难"。知善行善，知恶止恶。"立志"犹一盏明灯时时高照，引领人生。诵读研习后，在龙泉山花园缓缓地行走，耳听鸟鸣声，闻着扑鼻的却叫不出名的野草香，阵阵清风拂来，别有一番意味。

惠贞书院"礼善"碑廊有一副楹联：曲径通幽处自有天香，大学明德时方见本心。这既是"追随阳明学圣贤"主题研学活动的初心所在，更是全体惠贞人"立人"，培育"新民"的旨归。

当然，对于学生来说，"行走德育"第五个特点是表达，表达不仅是对"行走"行为的总结，而且通过表达能够检视自己的认知，总结自己的收获，表达本身也可建构健康的心灵，升华情感。实地探访与文本阅读的紧密结合是"追随阳明学圣贤"活动最大的亮点。出发前，我们给学生准备好文本材料，让学生采用"提问"的方式研读文本。每日研学期间，我们让学生诵读《传习录》中的经典篇章，使之能直接触摸经典，感悟经典的魅力。研学最精彩处是教师与学子的问答传习，学子问："为何阳明先生屡屡遇到困境都能克服？自己遇到困境如何向阳明先生学习克服困境呢？阳明先生只是个文臣，如何做到领兵打仗这么厉害？自己也想立大志，有个更好的未来，怎么才能做到？"教师一一答焉。在师生的互动中，学生们更加细致地考察王阳明的人生足迹，阅读王阳明的嘉言懿行材料，理解王阳明的成长之道，以此为参照，寻找、认识那个真实的自己。

总之，在核心素养为指向的教育视域下，德育的方式发生着巨大的变化，随着人们文化水平不断提高，物质条件不断提升，"行走"已经成为人们的一种生活方式。对于学校来说，我们应把学生的"行走"当作一种文化行为，当作一种新的德育路向，当作"礼善"行为的一种塑造，从"礼善"遵规及利人的角度来看，其"礼善"特质自不待言。

第十六章

"礼善"与生物科技新苗培养计划

作为一所建校 20 多年的学校，我们在"礼善"文化统领下，一直追求一种尚好的德育，而我们重视体验，实施生物科技新苗培养计划，则是其中之一。

一、什么是好的德育 >>>>>>>

什么是好的德育？对此问题人们的经历不同其认识也不相同。教育从本质上来看，是一种选择，思想的选择，方法的选择。而教育所涉及的问题太多，也太复杂。对于学校德育来讲，我们有几个问题需要澄清。第一，有效果的德育就是好的吗？比如，有的学生不爱劳动，我们通过强制的手段，使他参加劳动，他也参加了，从表面看我们的德育是有效果了，请问，这就是好的德育吗？还有，有的学生不爱学习，我们通过强制的手段，他也完成我们布置的作业，这看起来也有了效果，请问，这就是好的德育吗？这里所说的是"爱"劳动，"爱"学习，也就是说，在我们的强制下完成作业，并没有达到"爱"的境界，我们说，这样的德育不能称之为好的德育。第二，我们发现，现在的学生变了，变得更加"自我"了，过去只要教师一说，他们就听，现在不是那么回事了，有的学生总有自己的想法，现在的学生也就更加难以管理了。这里的问题是，我们要求学生，学生完全听我们的话，这样的学生就是好学生吗？不听或者不全听我们话的学生，就不是好学生吗？也就是说，只有让学生服服帖帖的德育，才是好的德育吗？其实，现在学生的自我意识增强、自主能力提升，应该看作是在社会大前提下的一种正常的进步，显然，让学生服服帖帖的德育并不是好的德育。在我们的课堂或集体行动中，我们看到学生特别是小学生，对教师的口令总是雷厉风行，比如，上课一定齐声向老师问好，教师提问问题，手一定同时上举，等等，这步调一致很是给人以美的感觉，这样便延伸到学生的言行，是不是我们的德育只有学生完全听取我们的指令，做到整齐划一才是好的德育呢？而那些不一致的就是不好的呢？我们说，人有百性，事有万状，整齐划一固然好，但参差和变化更显多姿多彩，因此说，让思想、言行划一的德育也不总是好的德育。第三，目前各个学校每周都要安排班会课，它是一种重要的教育方式，优质的班会课应该是有计划、有方法、有效果的班会课，班会课的核心是德育。然而，在这样的课堂上，我们经常看到的是教师的一言堂，是道德说教，是对问题的指出，是对学生言行的指责，我们要说的是，班会课上这样的德育是好的吗？显然不是。具体问题还非常多，那么，什么样的德育才是好的德育？它到底有什么特点呢？

我们说好的德育总体上来看，要直指学生的心灵。目前我们的德育存在的问题如下。第一，道德说教严重，德育内容"悬空"——严重脱离学生的实际。第二，德育方法生硬，大多以灌输和强制为主。第三，不能人性化地看待学生，不少时候以自己的意志强加给学生。谈到这里，我想到了教师和学生之间发生严重冲突的事件。冲突事件不能不引起我们深刻的思考，作为教师，我们在指责个别学生的同时，是不是也要检讨一下自己的德育观念，是不是要检讨一下自己的德育方法。急功近利和只认成绩的教育理念、缺乏观察和沟通的教育方法、主观意志极强和对学生心理的失察等，都是造成师生矛盾的原因。我不禁要问，当下，我们有没有对教育、对学生敬畏的意识，有没有走进学生心灵的意识和方法，有没有以学生真正的成长为最高原则，有没有深入细致地研究过学生发展成长的心理，有没有真正探寻每一位学生的心灵秘密，从而找到真正的通往学生心灵的教育之道。当然，我写到这里，并不是为个别学生辩护，而是认为作为教育主体的教师，任何时候也不能推卸我们的责任。

直指心灵的德育必须是遵从学生需要的教育。在学生的成长中，他们面对许许多多的社会问题总是有不少困惑，总有些疑问。随着互联网的普及，世界上各个角落的事情，都会通过网络传到学生的大脑中。还有他们在成长交往中，也会遇到这样那样的问题，这样那样的困惑，这里既有自身的，也有社会其他人的。有时候孩子是很脆弱的，如果我们不能关注他们的需要，我们的德育就无法抵达学生的心灵。有下面这样一个案例。

孙岚是个性格有些内向长得挺漂亮的小姑娘，只是左边脸颊上有一块圆形的疤痕。开学初，政治课本第一课的内容便是"增强自尊自信"。那一天，当柳老师讲完"培养正确的自尊心和充分的自信心"这一课，抱着教案走出教室时，孙岚小跑着追了出来。她拉了一下柳老师的衣襟，轻声说："老师，要是一个人总是自信不起来该怎么办呢?"柳老师想了一下，对她说："这样吧，你回去做一项特殊的作业，把你认识到的自己的优点总结出来，明天交给我，好吗?"她点了点头，若有所思地回去了。第二天，柳老师的办公桌上出现了一张小纸条，上面没有署名，只写着"遵守纪律、爱劳动"这几个字。看着这几个字，柳老师心底泛起一种酸酸的感觉：这个孩子活得太沉重了。随后柳老师拿出纸笔，开始写一份"孙岚优点录"。除了她自己总结的两条以外，柳老师又添加了"善良、温柔、乐于助人、坦诚、虚心、渴望成才、言行一致、细致、有爱心"等十余条。放学后，柳老师找来几位他们班的学生继续了解孙岚的情况，在他们的提醒下又添上了几条。最后，柳老师写了自己认为最重要的一条："你有一双非常美丽的大眼睛。"

第二天，孙岚看到了这张写满她优点的纸条。她把目光从纸条上移开时眼里有些湿润。她问道："老师，我真的有这么好吗?"柳老师拍了拍她的肩膀，没有说话，只是用力点了点头。后来，在结束整节课的内容时，柳老师让学生们每人写出一个自己认为是班里最出色的学生的名字，然后把大家写好的纸条收上来，一张张地打开来读。很多学生都"入围"了，因为柳老师并没有限定是哪方面最出色。当念到"孙岚"的名字时，班里一下子安静下来，显然大家都觉得有些意外。孙岚抬起一直低着的头，用有点怀疑的目光迎着老师。柳老师带头鼓起掌来，接着全班响起了热烈而持久的掌声。[①] 案例中的孙岚同学显然是知道自己的不自信，所以，她有增强自己自信的心理需求。而教师是如何做的呢? 首先，是让其自己发现自己的优点并写出，当她没有发现自己优点的时候，教师

[①] 李玉萍：《一份特别的教案——教育艺术案例与分析》，11~12 页，北京，中国人民大学出版社，2006。

给她找出了优点，为了进一步增加她的信心，教师又让学生"每人写出一个自己认为是班里最出色的学生的名字"，利用这种层层推进的方法，很自然地满足了孙岚同学心理的需求。唤醒自信，增强信心，教师通过一张纸条解决了。学生们的需求是很丰富的，而只有了解了学生的这些需求，并以正确的价值观解读的时候，德育才是抵达心灵的教育。

抵达心灵的教育必须是个性化的教育。在我们的德育中，目前比较严重的问题是一刀切。也就是说，对任何同学的要求都一样，既没有层次性，也没有个性。所以，许多教师说的是老掉牙的话，用的是陈旧而无新意的方法。在道德教育中，很多时候我们在讲台上面滔滔不绝，学生心在思是否有鸿鹄将至了，这种没有差异化的教育，也是导致德育无效的原因之一。什么是个性？个性也称人格，指一个人的整个精神面貌，即具有一定倾向性的心理特征的总和。个性结构是多层次、多侧面的，是由复杂的心理特征独特结合成的整体。① 我们说百人百性，并且个性具有总和性的特征，所以，对于学生只有掌握其个性特征加以施教，才能够真正起作用。个性化教育首先要求教师对学生的个性进行了解。个性形成是一个复杂的过程，和一个学生生长的社会环境、家庭环境、学校教育、个人交往有很大的关系。个性是人的生理机制和周围环境相互作用的结果，是一种特殊的品质(每一种个性都是独特的)。② 个性就是个体独有的并与其他个体区别开来的整体特性，即具有一定倾向性的、稳定的，是本质的心理特征的总和。因此，个性教育的前提，是对学生个性归因的观察、分析、了解。其次，个性教育必须寻找适合学生个性特征的方法。人的个性具有一定的稳定性，个性不同其思维方式、语言行为表现也不同。从心理机能上可分为理智型、情感型和意志型；从心理活动倾向性上可分为内倾型和外倾型；从社会生活方式上可分为理论型、经济型、社会型、审美型、宗教型；从个体独立性上可分为独立型、顺从型、反抗型；等等。各个不同的个性特征，表现出不同的思维方式、生活态度、行为习惯。我们只有深入地了解了不同学生的不同个性，才能对症下药，才有抵达学生的心灵的教育。比如，独立性很强的学生，我们的教育在尊重的前提下，要以对话为主；具有反抗性特征的学生，

---

① 朱智贤：《心理学大辞典》，225页，北京，北京师范大学出版社，1999。

② [英]大卫·丰塔纳：《教学与个性》，郑桂泉、马超、张志远等译，4～5页，北京，春秋出版社，1989。

我们的教育方式应该以浸润式、引导式为主；具有顺从性特征的学生，我们的教育应以道理说服、榜样引领为主等。

德乃立身之本、做人之基，是每个人生命的底色。要使教育抵达心灵，我们还需要强化自我教育，强化知行合一，强调社会实践等，这些都是我们"礼善"德育最重要的内容，而生物科技新苗培养计划则是它的具体体现。

二、"礼善"与生物科技新苗培养计划 >>>>>>>

生物科技新苗培养计划，是我校进一步深化课程改革，高质量落实高考改革方案所进行的课程开发与应用活动。生物科技新苗培养计划以课程开发为抓手，以实践创新为指向，活动中注意科学规范，强调团队意识，这些都充分体现"礼"的特质；而通过生物科技新苗培养计划，学生开展课题研究，从事科研实验，撰写科技论文，体验"求真"的快乐，涵养善良诚实的美德，这些充分体现"善"的教育教学特点。本文从设计背景、实践意义、目标与思路、实施过程与做法、实施效果五方面谈谈探索之路。

最新《普通高中生物学课程标准》指出，高中阶段的生物学课程是以培养学生生物学核心素养为宗旨的学科课程，既要让学生获得基础的生物学知识，又要让学生领悟生物学家在研究过程中所持有的观点以及解决问题的思路和方法，要高度关注教学过程中的实践经历。高考制度的改革则给青少年提出了更高的要求，更注重学生的个体差异和素质教养，推崇思维的发散性和创造性，这有利于学生在掌握知识的同时获得精神层面的提升，对个人乃至社会的发展都有长远的益处。

新一轮课改调整了高中课程结构，要求学校在开设必修课的同时，设置丰富多样的选修课程，积极实行学分制管理模式。根据相关要求，普通高中选修课课程分为知识拓展类、职业技能类、兴趣特长类和社会实践类四大类。各学校需根据自身的特点和实际，积极自主开发各类生物选修课程，可充分利用已有条件、资源、师资状况开发校本课程，也可与高校、科研院所、社会机构等合作开发选修课程。

我校的生物科技新苗培养计划，是生物体验式教学的新尝试。2015年开始，我校先后与宁波市农科院、宁波微萌种业有限公司、浙大宁波理工学院、宁波大学、浙江万里学院、宁波诺丁汉大学等联合培养科创人才，成立九个市科技新苗团队。我校充分利用校内外的资源，开设了体验式的生物选修课程，在实践形态下培养学生生命观念、科学思维、科学探究、社会责任等生物学核心素养，建立培养机制，完善培养策略。其目的是让学生在体验式教学中加强生物探究性学习，激发学生对生物专业的兴趣，提升学生科学创新能力和社会意识，指导学生生涯规划的初步构建，有效落实教育部提出的立德树人根本任务。

我校生物学教研组教师依托校内外可挖掘的资源，开设了"生物学核心素养培养与实践"这一门兴趣特长类选修课，并建设和利用好校内的生物苑，校外的慈城大龙农业水培基地、古林天胜农牧"四不用"农场和洪塘学生果蔬基地等实践基地，使之在师生的生物选修课课堂教学、探究性学习中扮演重要角色。我们通过一系列生命科学拓展实验，提高学生的科学素养，加强学生的探究性学习，重视学生研究创新能力的提升，强调教学的个性化和全面化，培养学生的专业兴趣和创新精神，夯实学生的动手实践能力。

我们通过一系列生物教学活动，教会学生在较好地理解生物学概念的基础上逐渐形成结构与功能观、进化与适应观、稳态与平衡观等生命观念，能用生命观念认识生物多样性和统一性，形成科学的自然观和世界观，指导学生探究生命活动规律，解决实际问题；培养学生尊重事实和证据、崇尚严谨和务实的求知态度，培养学生运用科学的思维方法认识事物、解决实际问题的思维习惯和能力；教会学生运用归纳与概括、演绎与推理、模型与建模、批判性思维等方法，探讨、阐释生命现象和规律，审视或论证生物学社会议题。

我们的主要做法是依据学生层次和学习定位灵活开展体验式教学活动，主要包括如下：大龙农业实践——现代化种植；微萌种业实践——分子育种；天胜农牧实践——生态农业；农科院加工所实践——超高压食品处理与加工；宁波植物园实践——植物分类与鉴别。我们充分依托大龙农业、微萌种业、天胜农牧等校外资源，建立校内外无缝对接的体验式学习培养模式。我们利用周末空余时间，组织学生集体前往校外实践基地参观学习，有条件的进行科学实验，有效补充生物课堂上的知识体系，加深学生对生物学科知识的深入认知。除此之外，我们还主动和省内外知名高校、科研院所建立联系，定期组织学生参加学术性会议和科学营等活动。我们还结合普通高中学科基地建设和特色创新项目创建，开展中学生科技创新后备人才培养。依托课题"江南时令蔬菜农社对接关键技术研究"，成立宁波市农科院科技新苗团队1，进行多因素影响下的蔬菜、水果的贮藏保鲜实验；依托课题"日加工10吨虾贝首套超高压装备示范样机关键技术研究"，成立宁波市农科院科技新苗团队2，进行超高压处理对血蛤、鲈鱼品质的影响实验和创意食品的制作实验；依托课题"基因编辑体细胞杂交等技术在水稻育种中的研究与应用"，成立宁波市农科院科技新苗团队3，进行生物体细胞杂交和基因工程育种的研究；依托课题"叶菜新品种选育和育种技术研究"，成立宁波市微萌种业科技新苗团队，进行SSR分子标记技术的杂交青梗菜种子和西瓜种子纯度鉴定实验；依托课题"利用废坚果皮制备吸附剂及其对水中污染物的吸附性能研究"，成立浙大宁波理工学院科技新苗团队1，进行稻壳灰吸附剂对水中罗丹明B的吸附性能研究实验；依托课题"关于计算机人工智能图像识别汽车车牌及信息获取的学习研究"，成立了浙大宁波理工学院科技新苗团队2，进行人工智能、大数据处理和分析的研究；依托课题"由生物质制备石墨烯材料并应用于抗癌治疗"，成立宁波诺丁汉大学科技新苗团队，进行石墨烯新材料的制备和生物应用研究；依托课题"宁波常见贝类的种质资源创新"，成立浙江万里学院科技新苗团队，进行宁波常见贝类的分类和资源创新研究；依托课题"自由基介导烯炔可控制备高值化氮杂环化合物"，成立宁波大学科技新苗团队，进行有机化学合成和化工应用的研究。我们以高科技实验为平台，培养学生的创新精神和创新能力，提高学生观察、实践和探究能力，培养了一批科技新苗。

2020年起，学校进一步加大了与知名高校、科研院所的科创合作，成立了"惠贞科学院"，在校内创建了六个"科苗工作站"，校内指导教师增至12名，正式开启了惠贞科技新苗培养的新征程。

经过几年的建设，"礼善"精神得以体现，并通过体验式的生物科技新苗培养计划，培养了学生的创新实践能力，取得了很大成绩。

学生成功申请1项国家发明专利，3项实用新型专利，在省级以上刊物中发表学术论文20余篇。学生参加各级各类科创比赛，市级以上获奖90余项，其中全国一等奖和二等奖各1项、三等奖7项；省一等奖11项、省二三等奖13项。科技新苗团队获首期宁波市科技新苗培养计划唯一"特等奖"，第二期两个一等奖(排名第1、第2)，第三期唯一"特等奖"。

第十七章

"礼善"与德育生态建设

"礼善"文化的引领者是教师，教师的道德水平直接决定着我校的"礼善"道德文化生态。

小原国芳在其《教师论》一文中指出：只有自己艰苦努力的人，才能同情别人的艰苦，鼓励别人。只有自己对某一事物亲自进行长期的研究，才能够得到真正的实验资料。释迦与基督在经历了痛苦的磨难之后才找到了普度众生的方法。同样，只有通过自己艰苦的钻研才能创造出生动活泼的教学方法。那些自己不想花费任何精力，甘做笔记机器、满堂灌出来的师范毕业生，能搞出真正活的教育来吗？更何况连教材还不精通呢！①这里，显然指出作为教师，只有自己做到，才能引导学生做到的问题，强调了教师的范导作用。我们也经常说"学高为师，身正为范"，这里强调的是教师的示范作用。学校的德育氛围虽然和学校的文化氛围相联系，但教师的道德影响无疑是学校道德生态形成的重要因素。

一、"礼善"与德育生态建设 >>>>>>>

先来分析一下学校人员的关系。对于学校来说，有的规模比较大，有的规模比较小，但其人员构成几乎相同。一般由学生、教师、管理人员和后勤人员几部分组成。在管理人员当中，有的也兼任教师工作。这个集体的主体人员是学生，而对学校道德影响最大的是教师。

教师从人数上来看，除了学生以外，也是最多的。不仅如此，教师

---

① 陈桂生、赵志伟：《现代教师读本教育卷》，294 页，南宁，广西教育出版社，2006。

不仅承担着"传道、授业、解惑"的任务，有的还要负责学生其他方面的管理。教师相对于后勤和管理人员，和学生接触的时间最长，频率也最高，相应地对学生的道德影响也最大。因此，教师道德情况如何，直接影响着学校德育生态的建构。生态是人与人之间、人和自然之间产生的一种状态。道德生态，是人与人之间通过相互交往而形成的一种道德情状。它是社会道德各形态之间以及社会道德与其他社会资源之间平衡的、稳定的、有序的、和合的联系。建立良性的道德生态是社会进步的重要标尺，是生态文明的本质特征。学校的德育生态是学校各类人员之间通过交往所形成的比较稳固的、有序的、和合的联系。它是学校文明和谐的标志，是形塑学生道德意识、道德行为的无形文化力量。在这个形态中，起决定作用的是教师，因此，我不止一次地提出，教师本身就是道德符号，教师对学生的影响存在于自己的一言一行之中。英国教育家巴格莱指出：教师是精神(与物质相比较而言)遗产信赖的继承人，每一代人都接受了精神遗产才使人类不断向更高级水平进步。[1] 杨贤金、石风妍在《师德新论》中也指出：有了师德高尚的老师，才能引导青少年学生走上健康成长的道路，培养和造就建设事业所需要的合格人才，使他们今后真正能担负起历史所赋予的责任。[2] 可见教师在建立良好的道德生态中的关键作用。

作为教师虽然对学生的影响是多方面的，比如，教师好的书写学生会模仿，教师好的仪态学生会模仿，有时候教师说话的语气学生也会模仿，语文教师爱读书，学生读书的就多，班主任教师爱运动，学生锻炼就积极，但对学生影响最大的还是教师的品格。品格因素主要包括教师的思想、人格、教育态度、领导作风、性格、价值观、职业道德修养等方面。一个态度和善、性格宽厚、富有同情心、能体谅他人、待人真诚的教师，不仅受学生的欢迎，这样的品质长此以往也会影响学生的为人处世，待人接物；反之，一个性情孤僻，只关心自己，虚伪固执、喜怒无常、待人刻薄的教师，不仅不能赢得学生的爱戴，而且对学生的品格也会产生不好的影响。特别是对小学生来说，他们正处于模仿阶段，教师恶劣的品格很可能造成学生品格的缺陷。对于学生来讲，教师是一个

建构以"礼善"为核心的德育体系

---

① 陈桂生、赵志伟：《现代教师读本教育卷》，304 页，南宁，广西教育出版社，2006。
② 杨贤金、石风妍：《师德新论》，96 页，南京，江苏教育出版社，2004。

崇高而神圣的名字，教师是培养新一代的园丁，是"人类灵魂的工程师"，是"向野蛮和无知发动进攻的统帅"，有崇高的地位。这种职业本身就决定着教师必须具有崇高的精神境界和高尚的道德品质。良好的师德不仅是对教师个人行为的规范要求，也对学生起着表率作用。教师优秀的道德品质本身就对道德生态建设起着积极的作用。而一个自私自利的教师群体，要想培养学生的奉献精神，不啻为天方夜谭。道德教育的伟大，在于教育者必须有伟大的道德；道德教育的艰难，在于教育者必须品德高尚。一个没有道德灵魂的教师本身就是对道德的戕害，何谈良好道德生态的建设。

好的道德生态是在教师道德引领下的和谐之境。全体教师的良好道德是学校道德生态的中心。它如旗帜引领学生沿着正确的道德方向向前发展，并构成和谐的道德之境。这里教师必须有新的德育理念，其核心是以生为本。它有以下几个层面的内容。第一，教师要把学生当"人"来看待，当作一个活生生的人来看待，他们有自己的思想和需求，有个人的选择，同样有自己的道德追求。我们的道德教育内容，不能盲目地强加给他们。教师要对学生的选择加以尊重，并且要用灵活的方法渗透、引导。当下道德教育之所以成效不大，是和教师们不恰当的教育方法有关的。教师和同学之间的矛盾，很多情况下是个别教师不知道尊重学生所导致。我们在道德教育中对学生总有一种高高在上的优越感，似乎我们的一切都强于学生，我们说的都是对的，学生任何情况下都要听，不听就是不道德，不考虑学生的接受程度，不考虑他们真正的需求。对于教师来讲，我们只有有了对学生的尊重之德，才能从内心真正地关心他们的道德成长，我们的教育也才能产生效力，我们也才能有为师的威严。第二，教师要使学生成为"人"，即有道德的人。有道德的人，是一个遵守社会规范的人，是知道关心别人的人，是能够宽容别人缺点的人，是具有大爱之心和奉献精神的人，是知荣辱的人，是热爱国家、服务人民、崇尚科学、辛勤劳动、团结互助、诚实守信、遵纪守法的人。而对于教师来讲，只有具备这些优良的道德，才能够影响、引领学生跟着做，学校美好的道德生态才能形成。第三，教师要关注每一个学生。道德教育中，我们有一个极其不好的倾向，就是有时爱照顾学习成绩好或相对听话的学生，而对于一些有自己的想法或对教师叛逆的学生，一是态度不好，二是当管理遇到困难的时候，往往放弃这样的学生。所谓放弃，就是放任不管，对这样的学生，只要在班级不出事，就不再对其做道德上的要求。对于学生来说，智力有差异，道德素养也是有差异的。所以，对不同的学生应采用不同的道德教育方法，不能放弃，要给学生道德表现的机会，从蛛丝马迹中，寻找他们转变的力量，因为，只有全体学生和教师都能够遵守道德规范，学校良好的道德生态才能够真正地形成。为了每一个学生的学习发展、未来的人生幸福，关注每一个学生应成为学校德育生态建设的基本价值取向。

道德生态是教师道德标杆下的探求之境。我们在对教师道德要素的论述中，提到了探究之德。探究之所以是一种道德，因为探究是于己于人都有利的事情。在学校的生态建设中，所谓的探求，即对自己道德思想行为的探索和追求。也就是在我们自己的人生中应追求什么样的道德境界。如果问，教师对学生影响最大的是什么？我想一定不是教习的技能，也不是传授的知识，而应是道德品质、人生追求。而教师的道德品质，就存在于教师的一言一行之中，存在于对学生的陪伴之中。不少学生回忆教师的教学态度，比如，不厌其烦地为其讲解，对学生有耐心，教师非常勤奋等，具体学生喜欢什么样的教师，无外乎这样几点：具有高尚的品德；兴趣广泛，博学多识；宽容公正，富于爱心；有良好的仪表；尊重学生，能接受批评。这里所说的每一项都需要教师认真追求才能做到。教师所做的一切都是教师道德的一种表现，当一个教师为了完善自己的人格修养，而不断追求的时候，学生一定会看在眼中，他们也一定会以教师为标杆。

好的道德生态是师生平等对话下的创造之境。对话是师生双方在互相尊重、平等的基础上以言语为主要中介进行知识、思想、情感等方面交流沟通的一种方式。它不仅是人与人之间的沟通理解，更是思想的碰撞和灵魂的交流，是一种生命和生命的相遇。对话德育是师生、生生在民主平等、相互尊重、信任的氛围中，彼此间相互理解、相互合作，在道德经验共享、双向互动交流的过程中创生道德知识和道德意义，从而促进师生道德共同发展的交流形态。正如王尚文在《语文教学对话论》中所说的那样：对话指的是人与人之间在彼此平等、彼此倾听、彼此接纳、彼此敞开的基础上达成的双方视野的交融，是一种致力于相互理解、相互合作、相互激发、共同创造的精神或意识。① 对话的核心是师生、生生间的相互尊重及心灵的敞开，其特点是德育的人性化，其目标指向创造。在对话中，起主导作用的是教师，特别是展开对话之前，教师如果没有一种平等的意识，不能蹲下身子而是俯视学生或者总认为自己是正确的，那么，道德对话根本就无法展开。教师尊重学生、学生信赖教师是对话的基础和根本。道德对话是一种道德心灵的契合，当教师和学生都达到相互理解、相互信任、相互激发的时候，道德知识、思想的创生境界也就会产生了。

道德教育是一项巨大而浩繁的心灵工程，建构良好的道德生态，应是道德教育所追求的目标。而良好道德生态的形成，教师的道德状态是关键。

二、我校师德建设的十项要求 >>>>>>>

根据时代、社会、学校发展的客观要求，我校教师需遵循十项师德要求。

第一，"礼善"之德。"礼善"是我校办学的核心理念，是对师生言行的客观要求。我们认为，名校都有自己的文化和作为文化核心部分的哲学，它是学校办学目标、价值智慧的集中体现。德国哲学家康德指出：一个人若不曾以纯粹而良善的意志的特征来润饰自己，却享受无止境的荣华，这样一个人的风貌绝不能给一个公正而有理性的旁观者以愉快的感觉。这样一来，善的意志是构成幸福不可缺少的条件。② 康德在这里指出了良善给人的感觉以及它作为幸福要素的特点。王蒙曾指出文化的追求在于光明、幸福、美好、正义。③ 学校的"礼善"文化，既是每位教师实现自己人生价值的条件，也是建构个人道德、实现学校和谐、个人幸福的基础。

音乐是顶级艺术，对人有无可替代的教化作用。儒家学派的创始人孔子，非常重视"乐"的教化功能。在孔子看来，每个人生活在这个世界上，从小到大，就必须要经过礼乐熏陶，"兴于诗，立于礼，成于乐"。

---

① 王尚文：《语文教学对话论》，93页，杭州，浙江教育出版社，2004。
② ［德］康德：《康德谈人性与道德》，石磊编译，2页，北京，中国商业出版社，2011。
③ 王蒙：《天下归仁》，1页，北京，北京联合出版公司，2015。

在礼乐诗舞浑然一体的潜移默化中，让人在各种人伦关系和社会场合中体味、首肯人成其为人的本然，进而以这种道德自觉认同现实伦理。具体说来，就是要在人伦社会网络中，在礼乐的长期潜移默化下，将社会所赋予的这种人之应然言行内化为道德伦理的自觉意识乃至伦理习性的自然养成。

惠贞书院自建校伊始就着力于校园音乐建设，全校各学部以音乐为不同年龄段孩子艺术教学的最大枢纽。1997年校合唱队率先成立，1998年校舞蹈队创立，2009年在全校师生及社会各界人士的期盼中，惠贞书院交响乐队成功组建，惠贞书院成为在宁波义务教育段第一个成功组建校园交响乐队的学校，也是第一个积极主动地面向全社会定期开展高水平交响音乐会的学校。我们通过乐队这一组织形式，创造更多的演出机会，让学生在获得成就感的同时，增强学习艺术的兴趣与自信；通过乐队这一组织形式，使校园缭绕着美妙的乐声，增添优雅祥和的艺术气息，熏陶人的心灵与情怀。

2018年6月6日晚7点，"乐"润芬芳·育爱成"音"——宁波市惠贞书院交响乐团携手宁波交响乐团专场音乐会在宁波大剧院成功举行。本次活动由宁波市惠贞书院主办，宁波市大剧院承办，并得到了宁波交响乐团的诚意支持。150余名学生参与本场音乐会的演出，年龄最小的才上一年级。有1500多名观众观赏了这场音乐盛宴。十四支精妙的乐曲，融汇在音乐会的每一个音符之中，而这些音符又仿佛都在诉说着属于惠贞的礼善教育故事，也为江北教育、江北文化的发展带来特殊的声响和色彩，展现着特殊的诗情和意境。惠贞全体师生定会将美善的礼乐带入每一份梦想与坚持中，并最终塑就每一位"立于礼、成于乐、敏于行、厚于德"的礼善惠贞人。

我校以"礼善"作为核心文化，其目的就是要求师生，首先是教师要具有一种创造社会和谐的心胸，有担当重任的"义"之精神。要使"礼善"精神充盈于我们的血液，变成我们的行为指南、生命的自觉，成为我们灵魂的重要因素，在教育教学中我们需要不断淬炼，逐步提升自己的人生自觉及遵规守纪、日日为善的道德境界，为学生做出表率。我之所以把"礼善"作为教师优良道德的首要因素，是因为"礼善"不仅和传统文化紧紧相连，更重要的是作为惠贞书院的教师，应该首先以"礼善"站稳脚跟，定准方向，把个人的道德追求和学校的要求相结合，从而创造自己和学校美好的未来。

第二，仁爱之德。虽然仁爱和礼善的意思相互联系，但由于仁爱作为教师道德的核心要素，我这里还是要重新加以强调。仁爱即宽仁慈爱。《淮南子·修务训》："尧立孝慈仁爱，使民如子弟。"《史记·袁盎列传》："仁爱士卒，士卒皆争为死。"仁爱其实质就是爱，不过《史记》还指出了仁爱的作用。"仁"是孔子哲学的核心理念。"仁者爱人""仁者安人""己所不欲，勿施于人"等，都是其仁爱思想的表现。仁爱思想反映了人的内心需求，是人性需要的张显。对于我们教师来说，仁爱包含着更为丰富的内容，它是我们为师的基础，爱应该作为我们的信仰，我们一切行为的出发点、落脚点。没有爱就没有真正的教育，没有爱就没有资格为师。爱是我们的生命之源，是我们的魂魄。它是情感，是操守，是品格，是境界，是能力，是智慧，是襟怀，是眼光，是责任和担当。"士不可不弘毅，任重而道远也。"仁爱到深处，师德的内涵就会美丽而鲜活；情感到浓处，师德的外延就能广袤和深远。

"德才兼备"是新时代对人才提出的要求，而在这个要求中，把"德"放在前面，足见德的重要性。在数理逻辑中培养学生的"礼善"可以从以下四个维度入手。一是培养思维。数学是一门思维科学，"数学是思维的体操，是智慧的磨刀石"。在教学中通过精准提问和有效引导，让学生在质疑、交流中，使思维向纵深方向发展，提高创新能力。二是培养表达能力。在教学中，教师要引导学生在一定的情境中，有目的、有逻辑、有层次甚至有感情地表达。培养学生的表达能力是学生成长的需要，也是德育的要求。三是培养合作精神。根据皮亚杰的同伴影响教学法，教师要在数学教学中培养初中生有效合作的精神，让学生合理分组、有效分工，让有能力的学生去影响其他学生。四是培养历史唯物观。数学史是人类发展史的重要组成，文明的延续需要一代代人的主人翁情怀。让学生知晓数学的博大浩瀚、源远流长、多元融合，是一件多么有意义的事。这些不仅体现了科学精神之"礼"，也体现交流合作、共享、探索之"善"。

数学课堂重逻辑、重思维的生发，而"礼善"德育包罗万象，这两者之间的融合需要我们思考，需要我们寻求合适的方式方法。以初中数学"矩形"一课为例，我们以"不以规矩不能成方圆"为教学灵魂，确定以下三个教学目标。①人文精神：在与平行四边形的类比中，习得矩形的概念和性质，自知自识，享受认知从混沌到清晰的乐趣；"矩"字的内涵外延让矩形这一几何图形充满人文气息，并从数学史中领略知识的传承。②科学素养：灵活运用概念、性质进行证明或计算；解题中的全局观念、一题多解、挑战未知，是意志和行动的表现；在规行矩步中实现常规思维，化规成圆成就逻辑超越。③道德品质：没有规矩，不成方圆，这一做人处事的道理渗透贯穿课堂始终。

数学是人类智慧的结晶，印刻着文化传承、传播、发展的因子，所以数学知识中可以析离出人文脉理，如本课矩形中的矩字，从字形、字义到名言警句中的解说，既折射理性光芒，也富含人文底蕴。

有德者才有真仁爱，大德者才有大仁爱。有仁爱，才能"为了孩子，甘为骆驼，于人有益，牛马也做"；有仁爱，才能拆下筋骨做火把。仁爱本质上是对教育的一种责任，一种担当，同时也会包容学生的过失，等待学生的觉醒。它来自脚下这片沃土的滋养，来自由民族精神扩展而来的一种文化。作为教师，仁爱就是宣言，就是行为，就是标签。仁爱不能装，也装不成，当仁爱之德化为我们血脉的时候，教育上的一切问题，都不是问题，教育上的一切困难，就不是困难。仁爱，开拓我们教育人生的大境界，推动我们走向教育的前沿。

第三，求真之德。何为求真，求真就是对真理的追求。这是对知识分子的道德要求，教师作为知识分子的一员，同样应该具有这种道德。坚持求真显出一种风骨，一种内心的坚定。陶行知先生以"爱满天下"的博大胸怀，创办了育才学校，并提出"千教万教，教人求真；千学万学，学做真人"。可见求真任何时候都特别重要。求真就是要求我们说老实话、做老实人，决不言行不一、口是心非，更不能弄虚作假。《庄子·渔父》中说："真者，精诚之至也。不精不诚，不能动人。故强哭者虽悲不哀，强怒者虽严不威，强亲者虽笑不和。真悲无声而哀，真怒未发而威，真亲未笑而和。真在内者，神动于外，是所以贵真也。""真"是"精诚之至"，是悲哀、威严、笑和等诸多情感的基础，而虚假、巧伪、装腔作势、咋咋呼呼，则最令人厌恶。"真"是生命之骨。求真它凝结着一种"气"，这种气来自民族生生不息、坚持正义、追求真理的血脉，来自纯朴的民族文化心理，凡是以求真为信念的人，大都是有正直的心态、有担当意识和人文关怀的人。从"究天人之际，通古今之变"的司马迁，到称作"世纪良心"的巴金莫不如此。求真之德，就是要坚持一种正道，就是培养学生一种顶天立地的人格精神。我们说只有纯者才能求真，只有善者才能为真，只有美者才能成真，求真说白了是一种品质，一种生命状态，一种人生境界。

第四，探究之德。我把探究作为从师的道德，因为，探究的目的是为了引导学生更好地追求真知，坚守真理。探究本身就是一种优良的品质。还因为作为教师，真正的探究，是一种不懈的生命长旅，是耗尽心力的一种不息奋斗。探究之"探"，即认准方向，用足力气，扑下身子，撸起袖子；即意志坚定，坚持不懈；即不达目的，决不罢休；即心里有火，烈烈燃烧。"究"，即在"探"的过程中揣摩、研究；即我们民族智慧中的"格物"，"穷至事物之理"，穷尽和我相关的事物之道。"究"是分析，是综合，是对事物千丝万缕、前前后后、左左右右的梳理和掌握。"探"了就明，就亮，就开阔；"究"了就深，就入，就精准。探究是一种深情，一种对万物、对自己所从事的教育事业的深情；探究当然也是一种爱，爱越深，探究越深；爱越烈，探究越烈。探究得越彻底，收获就越大、越自信、越满足。探究是一种品格，一种精益求精、细致入微、认认真真的品格，一种求深求透、质疑、批判、思辨的品格。探究更多包含着责任的承担，包含着职业道德的坚守，所以，真正的探究者往往负重前行；往往不惜自身，敢于牺牲；往往"焚膏油以继晷，恒兀兀以穷年"；往往能"为有牺牲多壮志，敢教日月换新天"。

惠贞书院"礼善"德育特别倡导阅读，阅读既能建构孩子的精神世界，更能让孩子在体悟人性复杂的同时向真、向善和向美。"礼善"德育视域下的课堂内阅读，"须入乎其内，又须出乎其外"。入乎其内，学生能寻找课堂之内的万紫千红；出乎其外，学生能找寻课堂以外的千山万水。入乎其内，学生能用知识启迪智慧，将智慧融入生命，最终提升生命的意义。出乎其外，学生能反求诸己，仰望星空，赋予生命以美好与高致。

以高中语文教学为典型案例，德育的浸润是高中语文核心素养养成的一条必由之路。在整个教与学的过程中，核心素养的最终点必然要考虑到学生对于品德、情操的德育诉求，只有当教者利用好德育的这一关窍，才能成功地连通同读一份文本的教者与学者的深层心魂，在共同人文价值观的锻造与重塑中，同步实现高中语文课堂教学由应试教育向素质教育的积极转变。

每当我们说起《春江花月夜》的课堂重点，几乎所有的教案都会侧重于由"美景"而思及碧落苍茫人世短长的宇宙终极命题，并最终由此命题触及思妇闺怨游子羁愁之情，因之，到课堂的最后，思远不及与苦旅不断的缱绻愁肠。我们需要通过《春江花月夜》，培养学生对于人世间那些无可避免又无法解决的问题的正确的处理态度，那绝不是简单的哀怨无能，而应该是真挚昂扬的。将藏隐于各种哀音中的强音分类梳理探明，这项工作理应成为《春江花月夜》的教学关键。因此，我们将具体的教学目标分为"深宏诗境绘唐风""自适诗情映唐风"和"自性诗理映唐风"这三大部分，以此三个角度来揭秘《春江花月夜》那段孤人月下于哀怨凄末中振作而生的自证之路。

大唐的风从那千年前的春江花月底下，从那个因着明月的升降变幻悲喜心境的孤独之人身上生发，它卷挟着人世间最大的哀愁，但却偏偏从中孕育出人世间最大的勇气，那种勇气是当你经历了最彻底的绝望与最无情的悲剧，参透了这个世界最本相的发展规律后，能够平复悲伤的心情，对待世界仿佛依旧是从前那般不改初衷。或许到了最后，那个月下的孤人仍然是形单影只，可他平静地抚去伤痕，用人生之旅程探证出本我于天地间的最大价值，于后人而言，这便是这首冠压全唐的《春江花月夜》最伟大的力量。

历经种种自我的质疑沮丧，艰难辛苦地探寻自我在天地间的位置，最终未被悲观反噬，这种浩大渺远的证心自证之路难道不正是人生积极奋挣的一种微缩吗？逆转卑微的臣服，于苍凉的尘寰世界中就能树起不屈不从的高傲人格，并做出世最好的奉献，这就是唐人的风范，唐诗的气魄。也只有教师努力探索，研究解读至此，我们才能真正明白为什么张若虚的《春江花月夜》足以获得"唐诗之巅"桂冠了。

探究制浅，克浮，医躁，驭傲，能使自己的人生走向真正的丰富和澄明。探究是生命的辽阔之路，深刻之路，创造之路，也即生命的正路，健康之路。我们只有探究，才能真正承担起教书育人的重任，才能把核心素养、道德教育、创新教育落到实处。探究之德即爱之德，育人之德，成人之德。

第五，公正之德。公正作为一种为师的道德，其表现为：我们在任何时候，任何状态下，都以公正之心对待学生，不因学生成绩的好坏而宠溺或歧视，不因学生家境的贫富而采用不同的态度。公正有一个标准，就是促使学生道德提升，生命健康成长。公正还有一种坚持，同学之间无论家境如何、学习成绩好坏都是平等的，在我们的教师眼里，学生没有贫富差异、没有贵贱高低，对任何学生是就是，不是就是不是。对任何学生的评价绝对以对错为标准，而不能有任何外界的附加条件。教师的公正是一种人格素养。在对学生事件的处理中，有些教师有时做不到公正，对学习好或者听话的孩子和颜悦色，对学习不好或者是认为不听话的孩子严厉有加，这不仅伤害孩子的自尊心，而且打击孩子的上进心，有时会毁灭孩子的前途。从这里我们可以感受到公正之德的重要性。公正是教师的一种思想道德境界，教师在教学过程中公正地对待学生，这是获得良好教育效果的关键。正如凯洛夫指出的，教师对学生的态度如果不公正，如把学生分成喜爱的和不喜爱的……这些都会破坏师生之间的正常关系，破坏师生之间的团结，妨碍教育工作的进行。[①] 在师生的交往中，学生往往最不能原谅教师的就是做事不公正，有的毕业多少年说起和教师之间的关系，其抱怨最多的也是教师的不公。公正是一种优良的道德，一切的公正都以无私为底蕴，而任何的不公都是自私的表现。当然，教师的自私可能是由于喜欢而导致的偏心，但无论如何，坚持公正的道德，是我们教师成就学生也成就自己的必要条件。

第六，自律之德。我们为什么要自律，因为我们面对的是成长中的学生。自律是一种意志，是内在力量的一种显现，是个人修炼进而为学生做出表率的基础。人都是向往自由的。教师也如此，也向往自由，也希望挣脱各种各样的束缚，说自己想说的话，做自己想做的事情。但是，人又是社会中的人，要遵守秩序，要遵守职业规范。特别是教师，本身就是道德的模范，在学生特别是小学生的眼中，还有一种神秘感。所以，言行符合规范、合乎道义是一个教师起码应该做到的。我们在学生面前一个小小的失误，都有可能给自己、给学生造成比较大的损失。比如，我们口口声声要求学生，要举止文明，如果我们不经意间在课堂上或是课下的交往中，说了粗话，或对人进行谩骂，不仅在学生中文明的形象顿然消失，更重要的是影响学生对文明的追求。自律就是自我警示、自我警惕、自我警觉，自律是在自省的基础上的一种提升，是对自己思想、行为反思基础上的人格提升。[②] 真正的自律体现出作为教师的职业尊严，

---

① 王荣德：《现代教师人格塑造》，82页，天津，天津教育出版社，2004。

② 冯益谦、谢文新：《教师职业道德导论》，38页，武汉，华中师范大学出版社，2014。

因为，只有自律自身才有内在的力量，只有自律才能挺直自己的腰杆。一切的放任和轻忽，都是对为师尊严的一种践踏。比如备课，于漪老师说，她是用一生在备一堂课，真正的备课是要用尽心力的，作为无法检查和考评的教学环节，不自律者，可以潦草从事，可以马马虎虎，而自律者则会认认真真，不放过一个疑点，"一物不知，君子之耻"，但其效果，其课堂上所获得的尊严，一定会是截然不同的。我们的自律是人格的劲健，是生命的充实，同时也是责任的显现，是意志的范导。

第七，坚守之德。在当下社会大变革的情况下，社会各种道德意识受到冲击。正确的道德观时不时地受到人们的怀疑，加上某些不良媒体的炒作，青少年的思想受到了负面影响。比如，有些别有用心的人，恶搞民族英雄，其实质是否定集体主义、英雄主义、传统价值。加上西方价值观的冲击，有些青少年的价值观念产生了错位，这对其生长极端不利。作为以育人为志业的教师，任何时候都必须旗帜鲜明地坚持正确的道德价值，反对虚无等不正确的价值观。具体来说，就要有充分的文化自信。习近平在十九大报告中指出文化自信是一个国家、一个民族发展中更基本、更深沉、更持久的力量。我们要清楚，没有高度的文化自信，没有文化的繁荣兴盛，就没有中华民族的伟大复兴。因此，我们必须坚守正确的传统价值观念，比如仁爱、忠义、礼和、睿智、诚信——仁义礼智信；温和、善良、恭敬、节俭、忍让——温良恭俭让；忠心、孝悌、勇敢、谦恭、廉洁——忠孝勇恭廉。这些都是中华民族的传统美德。坚持正确的义利观，坚持个人利益必须服从国家利益的集体主义，等等，并且和"富强、民主、文明、和谐，自由、平等、公正、法治，爱国、敬业、诚信、友善"的社会主义核心价值观相结合。坚守就是抵御，就是引导，当我们以坚定的意志坚持我们民族这些道德观念的时候，就是我们的道德教育产生效力的时候，就是为学生打下优良道德根底的时候。当然，坚守传统的道德观和社会主义核心价值观，有时候要和不正确的道德价值观做斗争，要摆事实、讲道理，更要引导学生躬身实践等。我之所以把坚守传统和社会主义核心价值观作为我们教师的道德提出，是因为只有坚守，才能产生良好的效益，才能真正促进学生的发展，我们的社会才能够真正和谐与发展。

第八，勤勉之德。勤勉即勤奋，这是做好教师的基础。作为教师，大凡有作为、能够创造或者说做出些不一样成绩的人，无一不是勤奋者。

勤奋是发展的基础，成才的基础。对于教师来说，专业发展的第一要素，是勤奋。"勤能补拙是良训，一分辛劳一分才。"天才来自勤奋，这是人所共知的道理。鲁迅先生曾经说过，他是连饭后喝咖啡的时间都用来写作了。因此，鲁迅才成为文化巨人。勤奋来自敬业，来自个人的抱负和教育信念，这是我一直强调的。当一个教师没有教育理想，没有敬业精神，总是想做一个不骑马、不骑牛、骑着毛驴在中游的平淡者，他是如何也勤奋不起来的。勤奋是一种美好的品德，品德比金钱和能力更重要，当你具备了勤奋美德的同时，你就拥有了"财富"。[1] 当下，不少教师在个人发展上，总想走捷径，总想一举成名天下知，其实那是不现实的。我从不怀疑我们个别教师的聪明和努力。有一个很重要的现象是，有的教师由于有较好的知识功底、教学功底，在省市的各种大赛中获奖，声名鹊起，别人总认为该教师会借此东风成为名师，但过一段时间或一年两年后，曾经获奖的教师并没有达到人们所期待的高度，原因无他，没有勤勉地探索下去而已。因此，我们说教师的勤勉之德，一是理想追求的牵引，二是敬业精神的推动，三是意志力量的保驾护航。离开了这些，是做不到勤勉的。教师的勤勉表现在这样几个层面。一是读书之勤。一个教师的成长史就是教师的阅读史，读书不仅提高我们的认识能力，开阔我们的视野，而且激活我们的思维和创造，读书对于教师来说，是一辈子的事，是一刻也不能离的事情。二是工作之勤。包括勤于备课，勤于改作业，勤于辅导，勤于反思等。三是写作之勤。朱永新在其领衔的"新教育"实验中，有一项师生共写随笔的要求，其目的就是通过写作提升教师的认知能力、表达能力，提高教师的综合素质。他指出：著名特级教师李镇西博士长期坚持写教育日记，他在教育上的成就很大程度上靠的是他二十多年来写下的教育日记。[2]

而教师所应具有的另外两德——合作之德、创新之德，我在其他地方已多有论述，不再在此赘言。

---

① 王瑛、牛玉婷：《教师品德的力量》，78 页，长春，吉林大学出版社，2010。
② 朱永新：《新教育》，78 页，桂林，漓江出版社，2014。

第十八章

"礼善"与班级文化建设

班级工作是学校德育工作最重要的组成部分，建设良好的班级文化是班级工作的最高目标。作为一个德育工作者，只有深入把握班级文化的实质，才能把班级德育工作带进一个新境界，才能完成合规成善的"礼善"文化建设的重任。

一、班级及班级文化 >>>>>>>

真正的教室从来就不是一个物理空间，而是一种精神空间，每间教室都是辽阔无际的精神原野。班级组织的产生，来自"班级授课制"。17世纪捷克教育家夸美纽斯是公认的"班级授课制"的奠基者，他在《大教学论》中指出：一个教师同时教几百个学生不仅是可能的，而且也是紧要的；因为，为教师，为学生，这都是一个最有利的方法。教师看到跟前的学生数目越多，他对工作的兴趣便越大（正如同一个矿工发现了一线矿苗，惊震的手在发抖一样）；教师自己越是热忱，他对学生便会越显得热心。同样，在学生方面，大群的伙伴不仅可以产生效用，而且也可以产生愉快（因为人人乐于在劳动的时候得到伙伴）；因为他们可以互相激励，互相鼓励。[1] 这里不仅指出班级授课的必要性，同样指出了班级组织对于教师和学生的意义。班级组织一经产生，它就是作为一种文化场域而出现的。它是学生交往的场所，班级组成后，几十名学生将在几年内生活在一起，他们便是一种伙伴关系。他们在一起交流思想，交流学习，

---

① ［捷］夸美纽斯：《大教学论》，傅任敢译，230 页，北京，人民教育出版社，1984。

了解各自的家庭，展现各自的性格。他们遇到事情大多能够相互帮助，相互激励。每个同学的出身不同，家庭存在各种差异，生活习惯、人生观、价值观同样存在着差异。既然存在着差异，那么，交往中就会有选择，有矛盾。正因如此，学生的交往展现多样性和丰富性，也显现出各种不同的道德倾向、道德冲突和矛盾，也就形塑着各种不同的道德人生。但只要班主任正确引导，就会把这种性格各异学生的群体，变成一个相互学习、相互激励的群体，从而使人人都有健康向上的道德风范。班级也是互竞的场所，这可能是班级同学间关系的核心。班级说一千道一万，它是一个学习组织，而进入班级的学生，也自觉接受学习互竞的这种状态。也因此，班级里成绩好的学生，自然成为其他同学学习的榜样。善于激发学生学习斗志的教师，往往会充分利用班级同学的互竞心理，通过口头表扬等措施强化这种氛围。在互竞中同学之间的关系，一般都是健康的，同学之间在学习中也能够做到相互帮助，有时候教师在座次等安排中，也往往让学习成绩好的学生与学习成绩次一些的学生相邻而坐，其目的是通过相互帮助使班级的成绩得以提高。在这种互竞中同学之间还加深了彼此的友谊。当然，恶性的竞争也会伤及学生的自尊，同学之间由于竞争激烈也有相互嫉妒拆台的现象，但班级同学学习上的互竞一般是健康的。班级也是道德形成的场所。我们知道道德是在人与人的交往中产生的，人与人的交往也促成道德的形成。看这样的一个故事我们会体会到这个道理。据 2014 年红网新邵站 7 月 4 日通讯员杨卫军、张俊云报道：凌晨六点，不需要家人呼喊，也不需要闹钟唤醒，何芹姣便早早起了床。她麻利地用柴生火、煮饭、炒菜，剁好猪草，匆匆忙忙扒完几口饭，便赶到同村何颖慧家。她小心地抱起何颖慧，将何颖慧轻轻地放在轮椅上，稳稳地推着轮椅，朝学校走去。在湖南省新邵县寸石镇青山村 12 组，几乎每天都可以看到这么一幅感人的画面。"她用稚嫩的肩膀撑起了我的天空。"这样的日子，她们已经重复了四年。何颖慧是一个不幸的孩子，2002 年 1 月出生的她患有先天性小儿麻痹症，一岁那年，她的母亲离家出走从此杳无音信。为了生活，父亲长年在外打工，照顾她的重任落在了年近七旬的爷爷奶奶肩上。2007 年，在亲友的资助下，何颖慧上学前班了，由于不能走路，上学需要有人背着，年迈的奶奶送了三年之后，逐渐感到吃力。这时，年仅 9 岁的何芹姣站了出来。从 2010 年秋天开始，她主动承担起义务背何颖慧上学的责任。"当时我也没想那么多，只是觉得她需要帮助。"面对提问，何芹姣羞涩地笑了。这一背就一直背到了她们小学毕业。无论天阴下雨还是刮风下雪，每天早晨，何芹姣准时出现在何颖慧的家中，背起她向学校走去。由于年幼力气小，不到一千米的路，何芹姣常常累得满头大汗。碰到下雨，何颖慧就伏在何芹姣的背上撑着伞，两人在雨中艰难前行。下课了，同学们纷纷走出教室玩耍，何芹姣却很少参加，她要背着何颖慧下楼上厕所、参加课外活动。放学后她又背起何颖慧，一步一步把她送回家。两个女孩的班主任刘姗介绍，何芹姣家是当地最贫困的一户，繁重的家务占用了她大量的学习时间，但她的成绩依然挺好，何颖慧在班上更是一直名列前茅，枯瘦的双手写出的字工工整整。她曾经在一篇作文中写道，"世界上对我最好的人和我最爱的人，是何芹姣……她用稚嫩的肩膀撑起了我的天空"。这是同村同班同学的事迹，这种在艰苦的条件下坚持不懈对同学的帮助，表现了一个少年勇于牺牲、坚强勇敢、乐于助人的高尚的道德品质。在我们一生的交往中，感到最好的应该是学生时期。因为这个时期，同学之间的友谊可以用纯洁来形容。正是这种纯洁，同学之间才能够相互帮助、相互提携、相互激励；也正是由于这种纯洁，才表现出同学有难的时候，能够牺牲自己、勇于承担的良好的道德品质。也正因如此，学生时期不少人在教室打下最纯粹的人生底色。

　　班级文化是一种无形的教育存在，一种潜在无声的教育力量。广义的班级文化是指班级生活中一切文化要素，狭义的理解是指班级全体成员创造出的独特的文化。① 这个定义似乎没有说明白什么是班级文化。其实班级文化应是班级师生，在共同追求中所形成的价值观。我这里强调两点：一是好的班级文化必然是师生共同追求的结果；二是班级文化的形成一定有师生共同的价值观。如果说追求是前提，那么，价值观则是核心。具体来讲，班级师生共同追求的价值观即师生对班级作用的看法。班级作为一种文化存在，它对师生言行、道德便有一种化育的作用。我们说，文化的关键在于"化"，即潜移默化对人的影响。班级文化作为一种群体的价值观，是由全体成员共同努力创造出来的，是属于班级群体的一种文化。班级作为一种群体的生活方式，班级生活要能够正常运行，不仅需要遵循一般的组织文化规定，而且班级成员们在创造自己的

---

① 李学农：《中学班级文化建设》，13页，南京，南京师范大学出版社，1999。

建构以「礼善」为核心的德育体系

生活时，也就是他们在班级生活中必然要把他们自己的生活意志表现出来，而既然大家都能够在一起共同生活，就必须有某种使他们能够共同生活的基础，这一基础是共同的追求、共同遵循的规范，以及共同创造出来满足他们生活需要的环境。① 当这些共同追求成为班级师生的价值，那么班级文化便形成了。我们略去班级文化价值的探讨，谈一谈班级文化如何形成的问题。

一定的制度是班级文化形成的基础。制度是行为的保障，作为一个群体，没有一定的制度约束就会像一盘散沙。制度不仅是对行为的约束，当制度成为班级同学共同追求的价值的时候，班级的制度文化便形成了。一个新的班集体，往往有几十位学生，他们来自不同的地方，带着不同地方、不同家庭的印记，还要由陌生到熟悉，如何做到像个集体的样子，做到行为一致，这里需要用制度来规范，需要建立个性鲜明的班级文化体系。而构建完善的制度体系，是班级文化建设顺利进行的保障。班级制度的制定，首先要完善班规班纪。对于这一点我要说的是，班规班纪的制定，一是要切合学生的实际，二是要逐渐完善。我们不少班主任特别是年轻的班主任，在班级制度建设中由于经验不足，往往在制度的制定中内容过多、过繁，想通过制度一下子让学生"规范"起来，其实有时是做不到的，做不到的制度不仅不利于学生们执行，而且会减弱对规范遵守的意识。当然，班级制度要真正发挥作用，关键在于实施。各项制度制定以后，需要指定专人负责落实。班级制度要分类，然后逐项指定责任人负责落实。比如教室中桌椅的摆放由专人负责落实，仪容仪表由专人负责，电灯、电扇、空调的开关由专人负责，多媒体设备的管理由专人负责，等等。根据不少教师的做法我们发现责任制是落实制度的有效手段。而且评价机制必须健全，能够接受赏罚也是落实制度的关键。还有，较强的班级管理团队是制度落实的重要因素。班级管理团队最好采取民主的方式来产生，要引导班委会成员以身作则，管理上分工合作，再者注意班委的和谐团结。班干部是完成班务工作的核心力量，是班主任管理班级的得力助手，是班级文化建设中的核心力量。班级制度的执行，班级团队的建设至关重要，这一点要特别注意。

明确的道德追求是班级文化建设的关键。道德追求是道德行为的牵

---

① 李学农：《中学班级文化建设》，20页，南京，南京师范大学出版社，1999。

引力量。道德追求的表述可以看作班级建设的核心文化，也可以作为班风来倡导。它可以用一句话来概括，也可以从几个方面来表述。总之，追求既要有时代性，也要符合本班学生的发展要求。我们学校的校风为"关心他人，成全自己"，这本身就是一种道德要求，既可以作为班级的班训，也可以作为班级的核心文化。因为它有深刻的内涵。它继承了传统文化中"己所不欲，勿施于人""己欲达而达人"等因素，把关心别人放在成全自己之前，便表现了一种先人后己的高尚道德。记得李镇西曾经把"让别人因我的存在而幸福"作为班训，表达了同样的意涵。当然，追求的最高层次是班级道德信念，要想建立一个良好的班级，必须有统一的文化信念，让学生从思想认识上形成一致性，增强班级的凝聚力和学生的内驱力，让学生形成良好的行为习惯。班级信念就是给班级成员竖立一面精神的旗帜，它是班级全体同学的一个精神的凝聚点。班级信念确立之后，根据这种信念浓缩提炼出班级的口号，制作班级的标志、旗帜、班服，将抽象的信念具体化、简洁化，以便于传播与应用。现在不少班级还没有建立班级文化，班级道德管理还处在一种被动的状态，这也是班级道德建设效率不高的原因。

　　班级文化的形成除了以上要素外，班级道德习惯的养成是最终形成班级文化的必要条件。习惯本身就是文化的产物，比如不乱扔垃圾，便是一种文明习惯；不轻易拿别人的东西，是一种相互尊重的习惯；上自修课保持安静，既是一种文明，也是对同学的一种尊重。想一想，当全体同学都在安静学习的时候，你由于自己的事情，突然大声说笑，是一种文明吗？是对同学的一种尊重吗？习惯的养成，一靠自觉，二靠严格要求，三靠奖励与惩罚，在一切行为中，要想让这种行为变成一种文明的自觉，在某些情况下，必要的惩戒是要有的，否则，就会失去要求的权威性。没有班级的权威，就不会有班级文化的文明。习惯有时候也是强制的产物，比如，有的同学没有自制力，如果有一种外在的压力制约着他，他在执行中感觉到了它的益处，那么，便逐渐产生一种内在的自觉，时间久了，习惯也就可能形成了。当然，习惯要靠一个人的坚强意志，靠追求的强烈力量，靠理想信念的约束等。叶圣陶曾指出，教育就是培养习惯。我们认为，道德教育，就是习惯的一种养成，习惯本身就是一种道德素养。正如林格先生在其《教育就是培养习惯》中所指出的那样：素质与习惯一样，都是人的第二天性，是稳定的、长期起作用的品质。素质形成的过程就是良好习惯形成的过程，而素质常会通过习惯表现出来。良好的行为习惯是人的能力和素养的生长点，为实现人的全面发展和最终成功提供支撑平台。① 习惯决定一个人的素质，同样习惯也是一种道德文化的显现。良好的道德习惯，都蕴含着良好的价值追求。比如说话，看起来是一种口齿翕张的行为，其实，如果同学之间在语言交流中，都能够自觉地坚持相互尊重、理解、和蔼的态度，那么说话本身就蕴含着道德，这种道德成为每个同学自觉遵守的习惯，显然也是一种班级文化。

班级文化是一个系统工程，它包括约束人们行为的制度文化，表现班级同学生命境界的精神文化，点化班级布置的环境文化，等等。班级文化是一个班级的灵魂，是每个班级所特有的。当然，我上面已经提到，一般班级的管理，还没有上升到文化思考的层次。但是，不管有没有对班级文化进行思考，只要有班级，就有它的文化存在；只不过有的自觉，有的不自觉而已。班级文化对于班级的同学来讲，具有自我调节、自我约束的强大功能。比如，一个具有严格纪律文化意识的班级，他们的自修往往是极其安静的，当一个好动的同学走进这个班级，也会自觉地约束自己的行为，就像人们经常说的，当我们走进地面干净、明亮的高级宾馆，就是一个行为习惯再不好的人，也不再乱扔杂物一样，文化的约束功能也如此。同时，良好的班级文化也是一种推动力量，能激励全体同学努力向前；它还有自然的调节同学之间、师生之间和谐相处的强大功能。

二、"礼善"与班级文化建设 >>>>>>>

班级文化具有强大的约束、塑造功能，它的核心是道德精神。那么，一个具有良好班级文化的班级，应该培养学生什么样的"礼善"道德精神呢？根据时代需要和我校的办学理念、道德追求，我提出在班级文化建设中，应着重培养学生"八大"道德精神。

第一，"礼善"精神。"礼善"是我校的核心理念，"礼善"精神要求学生要把"礼善"作为自己行为的指南，思想意识的核心因素。"礼善"精神

---

① 林格：《教育就是培养习惯》，序，北京，新世界出版社，2011。

之"礼"，要从四个要素来体现。①义——"礼之所尊，尊其义也"，"义"即正义，道义，也就是为人之道。②理——准则、规范、规律、理性等。③敬——真诚、恭敬，一种庄重严肃的心理，认真诚实的态度等。④信——诚信、信义、诚实等，如果敬是表层，信则是礼更深层的本质。"礼善"精神之"善"也从四个要素来体现。①利他——与人为善。②担当——承担社会、集体、家庭、自我等的责任。③包容——以宽容之心对待他人，这里充满着爱。④牺牲——这是一种大善，为社会、集体事业的发展做出自己的牺牲。对此，我们的教育层次为：感知(感受特点)—激情(动之以情)—明理(晓之以理)—导行(导之以行)—反思(思以内化)—养品(形成人格)。由于学校是从小学到高中一贯制教育，所以，为了更有效地培养"礼善"精神，我们可根据年级确立阶段性培养重点。小学：知礼懂善，重在感知——知(漫画呈现，校本读物方式)。初中：行礼为善，重在养习——行(故事体现，校本读物方式)。高中：察礼悟魂，重在人格——魂(优文展现，校本读物方式)。通过这样的教育，实现"礼善"精神培养的总体目标：优化育人环境，善化人际关系，升华人格素养，实化德育内容，细化育人途径，深化人文氛围，物化文化成果，催化文化自觉。为了使目标真正落实，学校可以编写"礼善"精神教育的课程供班级使用，班级开发"礼善"微课程、微视频等，通过系列活动引导学生明理、懂礼、行礼、识善、行善、养习，提高礼善道德精神境界。班级还可以积极进行"礼善"精神的实践活动，比如开展礼善自己、礼善他人、礼善环境、礼善学校、礼善家庭、礼善社会的活动，使班级学生真正做到礼善自己——正确认识自我，积极上进，珍爱生命，热爱生活，追求美好，快乐成长，行为自律；礼善他人——正确认识别人的长处和不足，对人礼貌、尊重，接纳他人，乐于助人，宽容他人的过失，能为别人的快乐而快乐，能为别人的忧愁而忧愁；礼善环境——正确认识人与自然和谐相处的道理，追求人与自然的和谐；礼善学校——认真学习科学文化知识，培养良好的心理品质，养成良好的行为习惯，尊敬老师，友爱同学，彬彬有礼，做谦谦君子，做合格的学生；礼善家庭——孝敬父母，尊重父母，主动承担一些力所能及的家务事，待人热情，做合格的主人；礼善社会——正确认识和面对社会，主动为社会上需要帮助的人提供方便，遵规守纪，正确处理人际关系，爱护环境，追求和谐，做合格的公民。坚持这样做，我想一定会形成"礼善"道德精神。

"礼善"不是说教，而是通过同学们的一言一行、一举一动表现出来的，有一颗充满爱的善心，就会敏锐地捕捉生活中的问题，萌发出解决问题的念想，当然不能只停留在想的层面，必须经历艰辛而踏实的行动才能得以实现。引导学生从想到做，一步一步体验全过程，在做的过程中感受创造的艰辛，在做的过程中明白学习的意义，在做的过程中体验创造的乐趣。

九年级的董彦博，从小就喜欢动手，来到初中，看到学校有创客社团，他主动加入学校的创客社团。社团有一个不成文的规定，参加的同学都要带着想法来。他看到妈妈经常半夜起床浸泡红豆、白木耳等食材，为他准备他最喜欢吃的早餐。妈妈的辛劳他看在眼里，就寻思着，通过什么办法可以帮助到妈妈。在教师的鼓励下，他开始了食材浸泡机的制作之旅。他先是进行市场调查，在做好前期需求分析的基础上，在教师的指导与要求下，进行查新，思考与设计自己的产品模型。随着设计与思考的深入，尤其在进入制作环节后，遇到的问题与困难就更多了，想和做之间有一道比较宽的坎需要去跨，作品构思采用智能控制的方式来实现作品的功能，可是他的知识和能力都不具备，怎么办？一个字"学"。于是教师和他一起规划，规划学习内容、制作材料、制作进度，很快他掌握了 Arduino 和 Microbit 的使用方法和相应的程序编写方法，掌握了检索资料的技能，了解了一些常见工具的使用方法，学会了成本的核算。最后，在妈妈和教师们的鼓励之下，董彦博对产品从外观、功能、成本、价格、便捷等角度去审视二代设计，作品在第 33 届浙江省中小学生科技创新大赛中获得科技成果二等奖。

始于"感恩"，历经"感恩"，最终拥抱"感恩"，董彦博在教师的指导下，用科学探究的思路和流程完成了他的别具特色的创客探索，在活动中彰显了未来工程师的素养。发明的过程，就是一个学习的过程，就是一个综合能力培养的过程。在这个过程中我们明显感觉到他的学习力的提高，不管是演讲口才，还是思维方式与核心素养都得到了提高，更重要的是，在他心里种下了一颗帮助人的善的种子。

第二，爱国精神。"爱国是人世间最深沉和持久的情感，是一个人的立德之源、立公之本、立身之基。不论今后走到何方，一定不要忘记，你们是中华民族的杰出儿女，是祖国和母校南开的骄傲。请你们时刻铭记，'爱中华、复兴中华'是新时代南开人终其一生为之奋斗的信念和追求！"这是 2018 年 6 月 27 日南开大学举行的 2018 届本科生、硕士研究生毕业典礼上，南开大学校长曹雪涛的深情叮嘱。这里指出了爱国精神的意义，表达了一位校长对学生的殷殷关怀。爱国主义是"千百年来巩固起来的对自己的祖国的一种最深厚的感情"，是对祖国的忠诚和热爱。爱国主义是我们的优良传统美德。爱国精神的培养是班级道德教育的基础和使命，一个班级如果不把爱国精神的培育作为班级文化建设的重任，这个班级的文化建设必然没有根基。对于爱国精神的培养，教师首先应让学生了解民族的发展历史，这是基础。中华民族已有五千多年的辉煌历史，在这波澜壮阔的五千多年间，可谓是人才辈出，群星璀璨，像孔子、老子、孙子、屈原、李时珍、孙思邈、李白、杜甫、曹雪芹、鲁迅、华罗庚、陈景润、钱学森、屠呦呦等一大批杰出的思想家、文学家、科学家，他们对人类文明做出了卓越贡献。不说大汉帝国的雄霸一方，不言大唐盛世的四方来朝，就说看似文弱的宋朝，恰恰是当时最为先进、最为文明的国家，其经济总量占全世界四分之三之多，到了大明王朝，也还占据着 45％的领先地位，有了郑和下西洋的广送财物、礼交四方之举，与此同时，还创造了不朽的博大精深的传统文化。中华民族的辉煌历史不仅包括哲学、社会科学、文学艺术、科学技术等方面的成就，而且蕴含着崇高的民族精神、民族气节和优良道德；中华民族不仅孕育了无数杰出的政治家、思想家、文学家、艺术家、科学家，而且还涌现了无数的爱国人士。其次，爱国教育的方法是关键，没有好的教育方法就没有好的结果。

2018 年，正值"军歌之父"郑律成先生 104 周年诞辰，又恰逢中国浙江省与韩国全罗南道建立友好省道关系 20 周年，9 月 13 日一场由宁波市惠贞书院协办的别开生面的中韩学生合唱音乐会，在江北文化中心隆重地拉开序幕。郑律成先生创作了 360 多首歌曲，其中最具代表性的作品正是传唱至今的《中国人民解放军进行曲》和《延安颂》。惠贞书院交响乐团时而悠远、时而激情的弦乐齐奏《我和我的祖国》拉开了音乐会的序幕。优美动人的旋律，是惠贞学子对伟大祖国的衷心依恋和真诚歌颂。在两国孩子们的清澈童声中，每一位听众的心都被深深触动，仿佛在室内体验到了虎斑霞绮，林籁泉韵。都说音乐无国界，孩子们将中韩两国的文化用音乐串联，传递出文化好声音，更收获了友谊和希望。文化如水，润物无声。正如中韩两国孩子同台演绎的中国民族乐曲《茉莉花》，当享誉全世界的《茉莉花》的主旋律响起来的时候，音乐早已超越国界，让在场的中韩学子一齐哼鸣心中。在充满中国江南诗情画意的幽芳里，在中韩两国孩子的林籁泉韵中，音乐会圆满结束。尤为令人欣喜的是郑律成先生的女儿郑小提也到场聆听了这场音乐会，她眼眶泛红，难掩激动的心情。"能够以这样的方式纪念父亲，非常感动。"她说，以合唱形式开展中韩两国的文化交流是极好的，能在孩子们心中种下更多的美好。

培养学生的爱国精神，要循序渐进，要对不同年段采用不同的形式，要理论和实际相结合，要注意榜样的力量，要加强学生对爱国主义艺术作品的欣赏，使爱国精神教育渗透到学生的血液中。

第三，集体主义精神。热爱集体是我们的伟大传统，是中华民族具有凝聚力的标志。群体和个体是一个复杂的关系，毋庸讳言，由于我国长期处于农业经济和以家庭为本的社会组织形式中，人们对群体即集体非常关注，集体至上的观念在一定程度上制约着我们的认识。近代以来，人们逐渐认识到个体发展的重要性，其实个体和群体是一种相互需求、相互增益的关系，群体的存在能够满足个体的需要，而群体内秩序的维护又有赖于群体内个体的道德状况。[①] 我这里之所以讲这些内容，是为了说明个体和群体有时候是一对矛盾，有时候相互需要。而我们所讲的集体主义精神，从大的方面来讲，它是一个集体在长期的共同生活和共同的社会实践基础上形成和发展的，为集体大多数成员所认同和接受的思想品格、价值取向和道德规范，是一个集体的心理特征、思想情感的综合反映。集体主义精神，不仅是一个集体告别落后、走向文明进步的强大动力，而且是维护一个集体稳定和发展的强大精神支柱。从小范围来讲，它是对集体利益的维护，某些时候是对道德规范的遵守。当集体的利益和个体利益发生冲突的时候，能够毫不犹豫地牺牲个人利益，维护集体的利益。对学生进行集体主义精神的培育，要首先从班级的日常小事的要求开始，严守班级纪律本身就是对集体利益的维护；而维护班级荣誉，同样是集体主义精神的表现。其次，引导学生多参加社会实践，体验集体精神的巨大力量。当下社会，为适应大规模的生产和创造，提倡合作精神，这本身就是集体主义精神的体现，任何问题、任何项目都

---

① 李太平、李亚敏等：《学校德育的使命——重建中华民族共有精神家园》，153 页，武汉，湖北教育出版社，2013。

会有主次，次服从于主是合作的基本要求，这和集体主义精神是一致的。当然，我们培养学生的集体主义精神，并不是不兼顾个人利益的合理性，但只有维护了集体的利益，才会有个人利益的获得。

第四，主人精神。主人精神是现代主体观念的体现。主人精神之"主"古代写为"炷"，指的是灯头的火柱，它是火焰，是亮光。段玉裁说"其形甚微，明照一室"，是说灯火不大，却能照亮全屋。火是热量、能量、力量。主人精神我认为它包括自信，包括敢于质疑，不迷信权威。主人精神教育说到底，就是要培养学生在公共领域成为致力于建设民主社会的公民，具有民主法治精神；在私人领域成为对他人、自己负责的个体，运用智慧与勇气思考和行动。培养学生的主人精神就是要学生知道：他必须用自己的智慧、双手和爱心去建设这个世界，改造这个世界，对这个世界承担责任；不做寄生虫，更不坐享其成；对世界、人类、同伴、亲人要怀有深情和大爱，让世界因我而美丽。主人精神从另一个方面来看，是一种自我约束。约束自己的不恰当的欲望和作为，约束自己的言行，等等。具有主人精神的人是具有强健精神的人，是意志坚定的人，是追求美好事物、怀有强烈愿望的人，是承载美德大爱的人。除此之外还要悦纳自己，认识自己，反省自己，激励自己，战胜自己，改造自己，解放自己，超越自己。否则，就称不上具有主人精神。主人精神就是要求自己做自己的主宰。内省和修炼、实践和奉献是形成主人精神的路径。主人精神的核心是自觉，自觉学习、自觉探求、自主发展。而能够自我管理同样是主人精神的重要体现，管理自己的言行，管理自己的时间，管理自己的情绪等。主人精神的培养，靠理想的树立，靠意志的训练，靠心灵的修炼，靠情感的浸润。在学习中丰富，在实践中增智，在交流中成熟，在磨炼中成长，在追求中展开生命的大我；为一个地方、一个集体、一个民族去担当，去开拓，去创造：这就是主人精神的风范。

第五，刻苦精神。刻苦是一种状态，是内在精神激励下的一种行为，一种精神。它的特点是执着，是自强不息，是孜孜不倦。刻苦是对自己、对他人的一种超越，它让人不怕困难，不惧艰难，有一种不达目的不罢休的生命渴望。在我们民族的历史上，留下很多刻苦学习的故事，激励人们自强不息，勇往直前。东汉时候，有个人名叫孙敬，是著名的政治家。他年轻时勤奋好学，经常关起门，独自一人不停地读书。每天从早到晚读书，常常废寝忘食。读书时间，常因疲倦而打瞌睡。他怕影响自己的读书学习，就想出了一个特别的办法。古时候，男子的头发很长。他就找来一根绳子，把头发牢牢地绑在房梁上。当他读书疲劳时打盹了，头一低，绳子就会牵住头发，把头皮扯痛，他马上就清醒了，再继续读书——这就是头悬梁的故事。战国时期，有一个人名叫苏秦，也是出名的政治家。年轻时，由于学问不多不深，曾到好多地方做事，都不受重视。回家后，家人对他也很冷淡，瞧不起他。这对他的刺激很大，所以，他下定决心，发奋读书。他常常读书到深夜，很疲倦，常打盹，直想睡觉。他也想出了一个方法，准备一把锥子，一打瞌睡，就用锥子往自己的大腿上刺一下。这样，猛然间感到疼痛，使自己清醒起来，再坚持读书——这就是锥刺股的故事，还有凿壁偷光、囊萤映雪的故事等。这些故事激励人们为自己的追求刻苦地努力。刻苦精神的培养，可以用古今中外形象化的故事去激励，用理想志向去引领，用当下社会和身边人的事迹去推动，用社会需求、人生担当去促发。

第六，责任精神。责任是一种生命情怀，是人主动承担的角色义务和对其所造成的后果应承担的责罚，有义务和后果两重含义。而责任心则是个体自觉做好分内的事务、遵守相应规范、积极履行道德义务的心理、行为倾向……在现代社会里，责任心是每一个社会成员不可或缺的重要道德品质，也是一个人人格的重要组成部分，是优秀人才必需的重要素质。[①] 责任也指个人对自己和他人、对家庭和集体、对国家和社会所负责任的认识、情感和信念，以及与之相应的遵守规范、承担责任和履行义务的自觉态度。它是一个人应该具备的基本素养。新一轮的科技革命和产业变革，正在重塑世界科技版图，重塑全球经济结构。一个时代有一个时代的责任要求，一代人有一代人的使命承担。全球科技竞争日益激烈，这再一次要求千千万万的中国的知识精英，再一次要求千千万万的中国的劳动者，以大无畏的牺牲精神，承担中国历史进步中遇到的困难和振兴的责任。在建构班级文化的过程中，培养学生的责任精神，就要让学生了解世界发展的经济趋势、文化趋势、科技趋势；了解我们和发达国家的差距，了解我们的需要，以此激发责任担当、勤勉奋斗的精神。当然，培养学生的责任精神首要的是，要求学生学会自己的事情自己做，我们经常说，一屋不扫何以扫天下，其实也是这样的意思。还

---

① 林格：《教育就是培养习惯》，59 页，北京，新世界出版社，2011。

有在班级生活中，除了做好自己的事情以外，还要积极承担班级的各项任务，这同样是责任精神培养所必需的。

第七，奋斗精神。习近平指出："中国人民是具有伟大奋斗精神的人民。今天，中国人民拥有的一切，凝聚着中国人的聪明才智，浸透着中国人的辛勤汗水，蕴含着中国人的巨大牺牲。我相信，只要13亿多中国人民始终发扬这种伟大奋斗精神，我们就一定能够达到创造人民更加美好生活的宏伟目标！"他还指出，幸福是奋斗出来的。可以这样说，中华民族发展的历史，就是无数先烈艰苦奋斗的历史。同样，改革开放40多年来，我国之所以取得举世瞩目的伟大成就，和我们民族团结一心的伟大奋斗精神有着直接的关系。奋斗不息、奋发图强是中国人民的精神特质和优良禀赋。我们依靠奋斗精神在广袤的土地上繁衍生息，创造了独树一帜的中华文明；依靠奋斗和自强不息，开发和建设了祖国辽阔秀丽的大好河山，开拓了波涛万顷的辽阔海疆；依靠奋斗有了"两弹一星"，有了航空母舰，有了歼20系列；依靠奋斗实现了高铁建设的世界领先。伟大的成就都是奋斗的结果。同样，学生们的进步、发展也需要这种精神。班级文化建设中培养学生的奋斗精神，首先，要使学生树立一切成就都要靠奋斗的意识；其次，要有吃苦的精神，吃苦是奋斗的必要条件；再次，做任何事情都不能坐享其成，都要靠自己的努力；最后，要努力锻炼自己的意志，意志是奋斗的支撑，没有坚强的意志，就不可能有奋斗的精神。

第八，创新精神。徐倩在《"最后一课"里的大学品格》中说：创新早已成为引领国家发展的第一动力。创新早已存在于我们生活的各个方面。我们面临的时代，唯创新者生、唯创新者强。未来，无论从事什么职业、选择怎样的生活，你会发现，在人生的旅途中，推动人们不断前行的，永远是那一份勇于探索、不甘平庸的创新精神。[1] 这是大学校长对即将毕业的大学生说的话，也应是对任何求学者所说的话。确实，我们今天从现金交易到移动支付，从招手打车到网约车出行……我们正处在一个比任何时候，都需要创新也更能成就创新的时代。[2] 创新已深入生活的各个领域，创新就是财富，就是发展，就是国家力量，就是未来的主宰。

---

[1] 徐倩：《"最后一课"里的大学品格》，载《中国教育报·高教周刊》，2018-07-02。

[2] 徐倩：《"最后一课"里的大学品格》，载《中国教育报·高教周刊》，2018-07-02。

任何一个民族要想在日趋激烈的竞争中立于不败之地，需要创新；任何一个个人，要想在发展中引领潮流，立于不败之地也需要创新。班级文化建设中进行创新精神的培养，首先要培养学生的创新意识，认识创新与自己的未来、社会的未来及发展的关系；其次要培训创新技能，我们学校是十分重视创新教育的，我们的不少班级也把培养学生的创新能力，作为文化建设的重要组成部分，并取得显著的效果，特别是在创客教育中，不少学生在省市及全国的比赛中摘金夺银就是证明；再次，增强创新的责任，创新责任是创新的内在动力，引导学生要把创新和自己的发展、国家的发展结合起来，同民族的前途结合起来；最后培养创新习惯，所谓的创新习惯，就是指创新思维意识，我们不仅培养学生的综合思维能力，也要培养学生的质疑、探究、批判思维能力。只有从思维入手，创新精神的培养才能够落地生根。

说到创新精神，我这里不得不说一下我校的创客教育。随着技术的快速发展，时代对人才的要求已经发生根本性的改变，教育必须面向未来，必须把培养学生的创造力放到更加重要的位置。

创客学习在理念层面是一种基于设计的有意义的学习，在实践层面是一种跨学科的创造性学习，其本质特征是知、行、思、创的统一。它旨在通过自主选题、调查研究、创意构思、建构知识、优化设计、智能造物和评价反思等过程，为创客创造提供一种自主的、真实的学习环境。我校的创客学习通过"课程·空间·活动"三位一体的创客教育实践活动展开，取得了不俗成就，改变着惠贞的教育。

2016年开始我校推进创客教育，根据学校师资的具体情况，我们决定先从技术学科开始，实施创客教育。经过研究与讨论，我们决定以"智能造物"为主题展开创客教育。我们设计课程，规划实践，展开活动。在真实问题的情境下，以兴趣为起点，以智能造物为主题，让学生运用科学、数学、艺术、工程、技术等学科知识设计与制作各种智能创意小作品，激发学生的求知欲。为了让学生更好地进行创新活动，学校特意创建创客实验室、智能家居体验室和校外实践基地，结合"智能造物"校本课程，基于真实问题，引导学生提出解决问题的方案，在方案得到充分论证的基础上，让学生开展设计与制作。为了营造校园的创新氛围，学校每学年举行一次好问题大赛，引导学生观察生活，走进生活，做一个有心人，留意生活中的一些不便或不足，并思考解决办法。学校还搭建了 300 m² 的创客空间，包括展示区、讨论区、制作区、机器人搭建区、材料区等。空间配置 10 台笔记本、12 台台式电脑、希沃一体机、各种加工工具、3D 打印机、多种多样的开源配件、乐高机器人、VEX 机器人和大量科技类图书。通过创客教育的有效展开，我们取得了骄人的成绩。自 2016 学年以来在各级各类创新大赛及其他科技类活动中，学生获得 3 项实用新型专利，获得的各级奖项主要包括国家级 15 项，其中金奖 2 项、一等奖 7 项，二等奖 4 项，三等奖 2 项；省级 17 项，其中一等奖 5 项、二等奖 8 项、三等奖 4 项；市区级奖项 70 余项。除此之外，学生在 GitHub 上组建了 Geek In Huizhen 组织，主导了多个项目；姚睿成同学的开源项目已达到100＋star，且被开源组织官网首页推荐；崔永逸参加 WER2018 赛季世界锦标赛获第一名；姚睿成和徐天若分别参加 2017 年和 2019 年 TEDxNingbo，并做主题演讲；俞佳兴受邀参加 2019 年在美国举办的苹果开发者大会，并获苹果公司 WWDC 奖学金；徐天若、任思慧在 2020 年中国妇基会——三星探知未来科技女性培养计划项目中表现突出，成绩优异，被授予"未来科技女领袖"称号。

在体验中学习，在学习中创新，在创新中成长。我们不是教学生发明创新，因为孩子们天生就会创新，我们只是帮助他们认识自己，协助家长了解孩子，营造氛围，创造条件，发现、引导和提升学生的创新能力，帮助学生发挥潜在的能力，与时俱进自主创新，成为符合时代潮流的创新人才。

总之，培养学生优良的道德精神是班级文化建设的重要内容，这些精神都具有"礼善"文化的内核。当然，道德精神不仅仅指这八项，还包括包容精神、协作精神等，限于篇幅，不再加以论述。

后　记

　　思考是我的习惯，追求是我的常态，而把自己的思考、追求和实践结合起来，并诉诸文字，也成了我的一种行为和习惯。不忌惮青灯黄卷，不忌惮兀兀穷年，不忌惮目不窥园。每天工作之余，或者是节假日，只要端坐桌前，当把自己的思考和实践形成文字的时候，我便进入一个美好的世界。

　　也正因如此，才有了许多课题的获奖，有了50余篇文章在全国各地报纸杂志上的发表。有《承担文化育人的历史使命——慈溪实验高中学校文化建设探颐》(2007年，北京教育出版社)、《夯实学校发展的根基——学科文化建设的探索与实践》(2011年，浙江大学出版社)、《颠覆与重建——课堂文化建设的探索与实践》(2016年，浙江大学出版社)"文化三书"专著的出版。这些都构成了我对教育的思考，也呈现了我的教育生命轨迹。

　　我来宁波市惠贞书院任职已经八年了，惠贞书院给了我很多，随着时间的推移，我对她的爱也在加深，她的历史，她的文化，以及全体师生都是促使我前进成长的因素和动力的源泉。同时，她也让我思考，思考教育的价值、人生的价值；思考我们应该建成什么样的学校，我们的理念如何和地域文化、书院文化、时代文化、世界文化相结合；如何使学校充满生机、活力和创造力，充满阳光、温情和温暖；如何拓宽教育的视野，使学生真正成为一个遵规守礼且善良的人，成为富有创造力、能够担当未来祖国发展大任的人。本书中，我的思考是以"礼善"为核心、为起点的，是以坚持"承精益求精之训，集东西教育之长，行明礼致善之道，求人性教育之真"的四维办学理念为中心的。我力求从宏观上厘清

"礼善"与四维办学理念的关系，讲清学校落实"礼善"文化和四维办学理念的措施及取得的办学成果，并力求将我们的理念和现代教育思想完美结合。本书凝聚了我校不少教师的心血，他们提供数据，总结归纳实践经验，校对书稿，对本书的写作也提了很多中肯的意见，在这里表示感谢。

最值得说明的是，前三部专著主要是自己撰写，而这部书稿是在导师彭刚教授指导下撰写的，书稿撰写中彭教授给了我专业性、方向性、系统性，全面而高阶位的引领和指导，包括书稿的结构、理论的阐述、事实的表达等，可以这样说，如果没有彭教授的指导就没有这部著作，在此我要深深地感谢彭教授。

由于自己忙于事务，书稿肯定还存有不足之处，请大家指出。

建构以"礼善"为核心的德育体系